JN433057

중국의 신소매 유통혁명

박찬욱

NEW RETAIL
DISTRIBUTION REVOLUTION IN CHINA

도서출판 청람

■ 머리말 ■

중국 최대의 전자상거래회사인 알라바바그룹의 회장 마윈(马云)은 2016년 10월 13일 알리바바가 개최한 항저우 · 원치대회(杭州 · 云栖大会 ; 알리바바의 테크놀로지 제전)에서 신소매(新零售) 시대의 도래를 주창하였다. 그래서 중국은 이듬해인 2017년을 신소매의 원년으로 삼고 있다. 마윈은 "머지않아 순수 전자상거래 시대는 끝날 것이다. 온라인채널과 오프라인채널이 끊김이 없이 융합되고, 최첨단 정보기술과 효율 높은 물류시스템이 이러한 융합을 뒷받침하는 신소매의 시대가 도래할 것이다. 향후 10년, 혹은 20년 후에는 전자상거래라는 말은 없어질 것이고 오직 신소매만이 남을 것이다"라고 단언했다. 신소매의 도래로 매장의 형태가 달라지고, 새로운 업태가 탄생하며, 고객체험의 질이 극대화될 것이라는 점을 강조했다.

그렇지만 신소매의 주된 내용이 단순히 온라인채널과 오프라인채널의 끊김 없는 융합이라면 사실 신소매는 전혀 새로운 개념이 아니다. 2010년 전후에 등장한 옴니채널(omni-channel)의 개념은 이미 온라인채널과 오프라인채널이 유기적으로 결합되어야 고객관계의 질과 고객만족도를 제고 시킬 수 있다고 강조하고 있다. 또한 미국 최대의 전자상거래업체인 Amazon은 2016년에 세계 최초의 무인슈퍼인 Amazon Go를 개발하기 시작했고, 일본에서는 모바일결제가 가능한 다양한 형태의 자판기가 오래 전부터 상용화되고 있었다.

그런데 왜 많은 전문가들과 매체들이 신소매가 중국의 유통업계에 혁명적인 변화를 이끌어낼 수 있을 것이라고 예측하는 것일까? 여기에는 중국 유통시장의 특성이 반영되어 있다. 우리나라에서는 대표적인 유통기업이라고 하면 주로 신세계와 롯데와 같은 오프라인기업을 떠올리지만 중국에서는 알리바바나 징동(京东)과 같은 전자상거래업체를 떠올린다. 이 기업들은 광범위한 고객기반은 물론, 첨단의 정보기술(인공지능, 빅데이터, 클라우드 컴퓨팅 등), 정교한 물류시스템, 막강한 자본력 등을 갖추고 있다.

이들 기업들은 모든 일상생활을 핸드폰에 의존하는 중국의 젊은 소비자들의 욕구에 부응하고, 전자상거래의 성장률이 점차 둔화되고 있는 현상에 적극 대응하기 위해 이미 확보하고 있는 고객기반, 정보기술, 물류시스템, 자본력 등을 활용하여 전력을 다하여 오프라인 분야로의 진출을 꾀하고 있는데 이러한 현상이 바로 신소매이다. 사실 중국시장에서 전체 소매의 80% 이상이 오프라인에서 이루어지고 있기 때문에 전자상거래기업이 매출을 확대하기 위해서는 오프라인시장으로 진출하여야만 하는데 신소매는 이러한 진출을 실현시켜줄 수 있는 훌륭한 수단이 되고 있다. 거대 전자상거래업체들이 적극적으로 신소매활동을 전개하면서 실제로 둔화되던 소비시장이 살아나고, 경쟁관계에 있다고도 할 수 있는 대형 오프라인 유통업체들도 적극적으로 호응하는 모습을 보이고, 중국 정부의 보이지 않는 후원도 감지되면서 신소매는 이벤트성의 사건이 아니라 중국 소매시장의 대세로 자리잡아 가는 모습을 보이고 있다.

중국 신소매의 가장 대표적인 예는 역시 알리바바그룹이다. 알리바바그룹은 최근 들어 신소매의 실현을 위해 '중국 연쇄점기업 100강'에서 1위에 올라있는 수닝(苏宁) 지분의 18%를 확보했고, 중국 최대의 오프라인 소매기업인 가오신소매(高鑫零售) 지분의 37%를 확보했으며, '중국 연쇄점기업 100강'에서 25위를 차지하고 있는 인타이상업(银泰商业) 지분의 74%를 확보하여 자회사로 편입시켰다. 그 외에도 많은 오프라인 유통기업들의 지분을 확보해 나가고 있다. 이렇게 하는 이유는 알리바바의 신소매 구상을 오프라인 매장에서 실현시키기 위함이다. 또한 알리바바는 신소매에 기반한 새로운 업태를 만들어내고 있다. 그 대표적인 예가 신선식품매장인 허마시엔셩(盒马鲜生)이다. 허마시엔셩은 마트, 식당, 전자상거래 등 다양한 기능을 융합시킨 새로운 업태의 매장으로, 회원제로 운영되고 고객은 반드시 알리페이(Alipay)를 사용해 결제를 하여야 한다. 알리바바에 맞서는 텅쉰(腾讯)과 징동(京东) 연합군도 활발히 오프라인 분야로의 확대를 추진해 나가고 있다. 그렇다고 중국의 신소매가 거대기업들에 의해서만 추진되고 있는 것은 아니다. 중국 최초의 무인편의점인 빙고박스(宾果盒子)는 벤처의 형태로 시작되어 지금까지 상당한 성공을 거두고 있다.

그렇다면 중국발 신소매 유통혁명이 우리에게 시사하는 바는 무엇일까? 중국의 신소매 유통혁명이 중국시장 내에서의 움직임으로만 그친다면 우리와 큰 연관은 없겠지만 결코 그럴 것 같지는 않다. 왜냐하면 우리나라의 젊은 소비자들과 중국의 젊은 소비자들의 휴대폰에 대한 의존도, 구매경험의 중시 등의 측면에서 유사점이 많기 때문에 중국의 신소매가 우리나라에 상륙할 경우 우리나라의 유통시장에도 큰 영향을 줄 수 있을 것이기 때문이다. 또한 중국에 진출하려는 우리나라 기업들이 중국의 신소매를 잘 이해하여야 할 필요성도 커지고 있다. 현재 우리나라 기업들도 무인편의점의 구축과 같은 시도를 하고는 있지만 중국에 비해 그 강도는 매우 미미하다. 우리나라에는 미국의 아마존이나 중국의 알리바바처럼 유통업계를 주도하는 전자상거래

기업이 없으며, 신용카드 생태계가 이미 뿌리깊게 자리를 잡고 있어서 모바일결제 등에서 한계점이 있다는 점들이 신소매가 확산하는 데 상당한 걸림돌이 되고 있다. 하지만 소매 경기가 침체되어 있는 우리나라의 상황을 신소매라는 새로운 현상이 돌파구를 마련하는 데 도움을 줄 가능성이 적지 않기 때문에 이에 대한 진지한 연구가 이루어져야 한다. 본 저서는 신소매에 대한 연구의 단초를 마련하고, 신소매에 대한 독자들의 이해에 도움을 주려는 목적을 가지고 있다.

본 저서는 모두 12개의 장으로 이루어져 있다. 신소매의 개념, 목적과 배경으로 시작해서 신소매의 주된 동력이라고 할 수 있는 고객체험, CRM, 빅데이터, 물류, 공급망관리 등에 대해 기술하였으며, 그 다음으로 신소매가 전개되고 있는 다양한 업태(신선식품마트, 무인판매, 유인편의점)에 대해 기술하였다. 마지막으로 대형 유통업체와 제조업체가 신소매에 어떠한 형태로 참여하고 있는지에 대해 기술하였다. 기술하는 과정에서 이론적인 내용을 최대한 줄이고 많은 사례를 소개함으로써 독자가 쉽게 신소매를 이해할 수 있도록 도모하였다. 저서를 써 가는 과정에서 자료의 수집과 정리 등에 많은 도움을 준 박사과정 학생 여엽청과 저서의 출간을 흔쾌히 허락해주신 도서출판 청람의 이수영 대표님께 감사의 말씀을 드린다.

2018년 6월

박찬욱

■ 차 례 ■

01 Chapter 신소매의 개념

02 Chapter 신소매의 목적과 배경

03 Chapter 신소매와 고객체험

04 Chapter 신소매와 CRM

05 Chapter 신소매와 빅데이터

06 Chapter 신소매와 물류

07 Chapter 신소매와 공급망관리

08 Chapter 신소매 신선식품마트

09 Chapter 신소매와 무인판매

10 Chapter 신소매와 유인편의점

11 Chapter 신소매와 대형 오프라인 유통업체

CHAPTER 01

신소매의 개념

CHAPTER 01 신소매의 개념

1. 신소매의 정의

알리바바그룹의 회장인 마윈(马云)은 2016년 10월 13일 알리바바가 개최한 항저우 · 윈치대회(杭州 · 云栖大会 ; 알리바바의 테크놀로지 제전)에서의 연설을 통해 신소매(新零售)를 '온라인, 오프라인, 물류의 3자가 결합된 새로운 형태의 소매'라고 정의하였다. 신소매의 또 다른 대표주자인 징동(京东)은 신소매 대신 무계소매(无界零售), 그리고 수닝(苏宁)은 스마트소매(智慧零售)라는 용어를 쓰고 있다. 무계소매는 온라인과 오프라인의 경계가 없다는 점을 강조하고 있고, 스마트소매는 온라인기술로 무장한 오프라인 매장의 스마트화를 강조하고 있는데, 두 용어 모두 신소매와 비슷한 개념을 의미하는 것으로 받아들여지고 있다. 신소매가 소개된 이후 많은 전문가들이 다양한 정의들을 제시하고 있다([표 1-1] 참조). 이들 정의들도 모두 신소매는 전통적인 소매환경에 온라인의 기술, 사상 등이 접목되어 구현된다는

표 1-1 신소매의 정의

출처	정의
杜睿云 등 (2017)	인터넷을 기반으로 빅데이터, 인공지능 등 첨단기술을 이용하여 생산, 유통, 판매 등의 전 과정을 업그레이드하고, 업태구조와 생태계를 재창조하며, 온라인상의 서비스와 오프라인상의 체험, 그리고 첨단물류를 융합시키는 새로운 소매 형태
赵树梅 등 (2017)	전통적인 소매와 구별되는 새로운 형태의 소매업태로, 기업이 인터넷의 선진적인 사상과 기술을 이용하여 전통적인 소매방식을 새롭게 변화시키고, 최신의 이념과 사유를 바탕으로 상품과 서비스를 최종소비자에게 판매하는 모든 활동
王宝义 (2017)	소매의 본질로의 회귀를 의미하는 것으로, 데이터가 중시되고 소비가 고도화되는 시대를 맞이하여 옴니채널(omni-channel)의 관점에서 구매, 레저, 커뮤니케이션 등과 관련된 소비자의 모든 다차원적인 니즈를 만족시키려는 종합적인 소매업태

자료 : 王坤, 相峰. "新零售"的理论架构与研究范式[J]. 中国流通经济, 2018(1) : 3-11.

점을 강조하고 있다.

온라인과 오프라인의 융합이 강조되는 것은 온라인과 오프라인의 장점이 결합되면서 시너지효과가 발생할 수 있기 때문이다. 전자상거래를 활용하면 고객은 시간의 제약 없이 언제든 거래할 수 있고, 매장을 직접 방문할 필요도 없으며, 다양한 상품을 편리하게 비교할 수도 있다. 또한 배송서비스를 받을 수 있고, 결제가 간편하며, 상대적으로 가격도 저렴하다. 하지만 전자상거래에서는 물건을 직접 보거나 만져볼 수 없고, 다양한 구매관련 서비스를 직접 경험할 수 없다는 단점이 있다. 이에 반해 오프라인 매장은 전자상거래에 비해 많은 단점을 가지고 있지만, 고객이 상품과 서비스를 직접 체험할 수 있는 공간이라는 장점을 가지고 있다. 신소매는 오프라인의 장점인 고객체험과 온라인의 장점인 편리성을 결합하여 새로운 형태의 소매를 창조하는 데 그 목적이 있다([글 1-1] 참조). 마윈의 정의에서 등장하는 '물류'는 온라인과 오프라인의 융합을 가능하게 해주는 수단이 된다. 즉, 오프라인 환경에 온라인 수준의 편의성을 접목시키기 위해서는 무엇보다 고객이 원하는 상품을 원하는 시점과 장소에서 구입할 수 있도록 하여야 하는데, 이를 구현하기 위해서는 정교한 물류시스템이 뒷받침되어야 하기 때문에 물류를 특히 강조하고 있다고 할 수 있다.

글 1-1 영유아용품 전문 유통업체 하이즈왕의 온오프라인 융합

중국의 영유아용품산업은 출산율의 증가, 가구소득의 증가, 자녀에 대한 높은 투자의욕 등으로 전망이 매우 밝은 분야이다. 또한 이 분야는 신소매가 부상하기에 적합한 업종으로도 꼽히고 있다. 왜냐하면 온라인에서의 정보검색과 쇼핑에 익숙한 젊은 엄마들을 위해 온라인 부문을 활성화하여야 함은 물론, 오프라인에서의 직접적인 체험 또한 임신, 출산, 육아의 과정에서 매우 중요하기 때문이다.

이 분야의 대표적인 업체인 하이즈왕(孩子王)은 2009년 12월 18일, 장수성(江苏省) 난징(南京)에서 0~14세 아동들을 위한 아동복 전문 유통업체로 설립되었다. 그러나 지금은 아동복 이외에 완구류, 식품, 조기교육 프로그램, 영유아 동반 여행상품 등 매우 다양한 상품과 서비스를 취급하는 아동전문 종합기업으로 성장했다. 이 회사는 온라인 매장과 스마트폰앱을 보유하고 있으며, 오프라인 매장도 가지고 있다. 오프라인 매장의 수는 2018년 초를 기준으로 약 215개에 달한다. 온라인은 주로 정보교류의 장으로 활용되고 있다. 여기에서 젊은 엄마들 간의 체험 공유가 이루어짐은 물론, 전문가와 상담도 이루어진다. 이 회사의 설립자인 쉬웨이홍(徐伟宏) 대표는 오프라인 매장에 대해 "단순히 유아용품 판매장소가 아니고, 아이들의 성장을 돕는 원스톱 체험공간이며 온 · 오프라인의 융합체"라고 강조하고 있다. 즉, 매장은 단순한 쇼핑공간이 아니라 온라인에서 얻은 다양한 임신, 출산, 육아에 대한 정보를 체험할 수 있는 공간으로 만들어졌다. 예를 들어 여기에서는 아동복, 교재, 장난감 같은 상품의 판매뿐만 아니라 임산부나 산모를 위한 강의도 진행되고, 아이들이 놀 수 있는 놀이방도 갖춰져 있으며, 피아노 레슨 등 아동들을 위한 조기교육도 이루어진다. 즉, 오프라인 매장은 임신, 출산, 육아에 대해서는 물품과 서비스의 모든 것이 모여 있는, 이른바 원스톱 쇼핑이 가능한 장소이다. 매장은 이러한 모든 기능을 하나의 층에 모두 담고 있기 때문에 매장의 면적은 5,000m^2 이상으로 경쟁업체의 매장에 비해 훨씬 넓다. 이러한 오프라인과 온라인을 융합시키는 전략은 큰 성공을 거두고 있다. 2017년의 매출은 약 26.6억 위안(약 4,500억 원)으로 전년 대비 38.8% 증가하였고, 수익은 6,146만 위안(약 104억 원)으로 전년 대비 206.7% 증가하였다.

자료 : 글로벌경제신문, "중국 영유아용품시장, 품질 고급화 앞세운 진출 필요," 2018년 1월 4일.
한경닷컴, "고객이 고객을 몰고와 年평균 677% 성장… 中 유아용품업계의 '무서운 아이'," 2012년 11월 1일.
搜狐, "2017上半年新零售top10榜, 孩子王位居前三," 2017年 8月 14日。

2. 신소매의 구현

신소매의 실질적인 구현은 오프라인 매장에 온라인의 개념을 접목시키는 형태로 이루어지고 있다. 아마존 고(Amazon Go)나 타오카페(淘咖啡)에서와 같이 고객이 고른 물건을 자동으로 감지하여 결제가 자동으로 이루어질 수 있도록 함으로써 고객이 줄을 서서 계산을 하지 않아도 되도록 만들어 놓은 것이 가장 대표적인 예라고 할 수 있다. 또한 알리바바의 허마시엔셩(盒马鲜生)에서와 같이 매장에서 상품을 직접 보고 바로 그 자리에서 허마앱(盒马APP)을 이용하여 주문과 배송 요청할 수 있도록 하거나, 알라바바의 티엔마오샤오디엔(天猫小店)에서와 같이 전자상거래에서와 동일한 가격 혜택을 누릴 수 있도록 한 것 등도 오프라인 매장에서의 온라인적인 체험이라고 할 수 있다. 또한 아마존이 설립한 오프라인 서점인 '아마존 북스'에서처럼 고객들이 매장에서 온라인에서의 평점과 서평을 보고 결정할 수 있도록 하고, 계산원 없이 스마트폰으로 결제할 수 있도록 하며, 아마존앱을 통해 주문할 수 있도록 하는 것 등도 이러한 예라고 할 수 있다([글 1-2] 참조). 즉, 신소매의 무대는 온라인이 아닌 오프라인 매장이며, 이러한 의미에서 신소매는 '오프라인 매장의 온라인화'를 의미한다고 할 수 있다. 많은 전문가들이 신소매를 전자상거래업체들의 오프라인 부문으로의 진출이라고 보는 것도 바로 이 때문이다.

글 1-2 아마존 북스

2017년 7월 25일 미국 뉴욕 맨하탄에 문 연 '아마존 북스'는 아마존이 문 연 일곱 번째 서점이다. 맨하탄 시내 컬럼버스 서클 몰 안에 위치한 이 곳은 370㎡ 규모로 약 3,000권의 책을 판매하고 있다. 오프라인 서점의 쇠락이 계속 이어지는 가운데 아마존은 창립 20여 년 만에 오프라인 서점시장에 되려 열심히 뛰어들고 있다. '아마존 북스'에는 계산원이 없으며 가격표도 없다. 현금은 받지 않고 오직 신용카드만 받는다. 너무 많은 책을 사서 들고 가기 무겁다면? 아마존에서 배송해준다. 대형 출판사의 힘으로 목 좋은 곳에 책을 비치할 수 있는 것도 아니다. 대신 아마존닷컴에서 좋은 평가를 받은 책들이 눈에 띄는 곳에 자리한다. '아마존 북스'에서는 손님들이 매장에서 실컷 둘러본 다음 아마존앱을 통해서 주문해도 되고 킨들을 통해 전자책으로 읽어도 된다.

아마존은 '아마존 프라임' 회원과 일반고객을 대놓고 차별한다. 회원이라면 아마존의 할인된 가격을, 일반고객이면 정가 그대로 지불해야 한다. 아마존 프라임 회원의 연회비는 99달러다. 책의 가격이 궁금하다면 매장 곳곳에 위치한 스캐너를 이용하면 된다. 아마존앱을 사용하고 있다면 진열된 책을 찍으면 된다. 책을 결제하는 방법도 다양하다. '아마존 프라임' 회원이라면 스마트폰으로 간편하게 결제할 수 있다. 회원이 아니라면 신용카드나 체크카드로 결제하면 된다.

아마존은 그간 축적해온 고객 관련 빅데이터를 앞으로 다양한 방식으로 공개, 활용한다는 방침이다. 아마존 서점에 들어서면 큰 액정에 다양한 책 소개가 나와있다. 온라인에서 고객들의 높은 평가를 받은 책들 위주다. 모두 고객 평가에서 4.8점 이상(5점 만점)을 받은 책들이다. 아마존 서점에는 고객 리뷰가 1만건 이상 쌓인 책들만 모아서 소개하는 코너도 따로 있다. 책 바로 밑에는 고객들의 후기를 그대로 옮겨 놨다. 생생한 짧은 서평을 보고 직접 구매 여부를 결정하라는 뜻이다. 아마존이 처음 오프라인 서점 매장을 낸다고 했을 때 많은 비난이 쏟아졌다. 골목상권을 침해한다는 이유 때문이었다. 2015년 아마존 본사가 위치한 시애틀 본사에 처음 문 연 '아마존 북스'는 이같은 비난을 의식해서인지 점포 확장을 최대한 천천히 하고 있다. 무인마트 '아마존 고'와 더불어 아마존의 오프라인 매장 실험의 성공 여부에 전세계가 주목하고 있다.

자료 : 중앙일보, "빅데이터 · AI 활용한 미래형 서점 '아마존 북스'는," 2017년 5월 27일.

신소매의 구체적인 모습은 세 가지로 구분될 수 있다. 첫째는 온라인과 오프라인이 결합된 새로운 형태의 소매업태를 출현시키는 것이다. 마트+식당+전자상거래의 형태로 운영되는 신소매 신선식품마트인 알리바바의 허마시엔셩(盒马鲜生)이나 알리바바가 탄생시킨 새로운 유형의 복합쇼핑몰인 친청리(亲橙里) 등을 그 예로 들 수 있다(신선식품마트는 제8장 '신소매 신선식품마트' 참조). 친청리는 기존의 복합쇼핑몰과는 달리 의류를 거의 취급하지 않고 있고, 백화점과는 달리 고가품 매장이 없으며, 또한 AR/VR기술, 매직거울, 안면인식 등 각종 신소매기술을 적용하여 어느 대형 매장에서도 볼 수 없는 다양한 고객체험이 제공되고 있다는 점에서 새로운 소매업태라고 할 수 있다([글 1-3] 참조).

글 1-3 알라바바의 신소매 복합쇼핑몰 친청리

편의점, 마트, 백화점 등의 다양한 소매업태 분야에서 신소매 매장을 직접 구축하여 운영하고 있는 알리바바는 2018년에 복합쇼핑몰(购物中心) 분야에도 진출하였는데 이것이 바로 '친청리(亲橙里)'이다. 친청리의 가운데 글자인 청(橙)은 등자나무, 등자색(오렌지색)의 의미인데, 등자색은 알리바바를 상징하는 색깔로 유쾌, 활발, 명랑, 따스함 등의 의미를 가지고 있다. 친(亲)은 친근하게 부르는 말이고, 리(里)는 '장소'의 의미이기 때문에 친청리(亲橙里)는 '따스함을 느낄 수 있는 곳' 정도의 의미를 담고 있다. 친청리 1호점은 2018년 4월 28일에 저장성의 항저우(杭州)에 만들어졌는데 지하 2층 지상 5층 건물에 면적이 무려 4만m^2에 이른다. 이 복합쇼핑몰은 소비재, 신선식품, 식사, 오락, 교육, 휴식 등 다양한 상품과 서비스를 제공하고 있으며, 그 중 음식과 관련한 부분이 전체 사업의 약 40%를 차지하고 있다. 친청리는 넓은 공간에 다양한 매장들이 밀집되어 있다는 의미에서 복합쇼핑몰이라고 할 수 있지만 의류를 거의 취급하고 있지 않다는 점에서 일반적인 복합쇼핑몰과 구분되고, 또한 고가품을 취급하는 매장이 없는 중산층을 위한 공간이라는 점에서 백화점과도 구분된다. 이러한 의미에서 친청리는 실제적으로는 지금까지 없었던 새로운 소매업태라고 할 수 있다. 친청리가 신소매에서 중요한 위치를 점하고 있는 가장 중요한 이유는 알리바바가 신소매를 실험하는 가장 본격적인 무대로 활용하고 있기 때문이다. 즉, 알리바바는 신소매에서 구현할 수 있는 모든 것을 친청리를 통해 실험하고 있다.

친청리는 알리바바가 직접 건물을 지었으며, 입주업체를 선정하는 것도 직접 관장하였다. 여기에는 약 70여 개의 점포가 있는데 그 중에는 허마시엔셩(盒马鲜生), 타오바오신슈엔(淘宝心选), 티엔마오국제오프라인점(天猫国际线下店),

티엔마오징링미래관(天猫精灵未来馆), 타오바오알츠유엔(淘宝二次元), 알리샤오추(阿里小厨) 등과 같은 알리바바 계열의 점포는 물론, 홍투(宏图) Brookstone, 스타벅스, 맥도날드, 와이퍼쟈(外婆家), 세븐일레븐, 메이유에(美悦), 치아오지(乔治), 어메이극장(峨眉影院) 등 전통적인 유명 브랜드들도 입점해 있다. 또한 여기에는 복합쇼핑몰에 AR/VR기술, 매직거울, 안면인식 등 다양한 신소매 첨단기술이 도입되었다. 예를 들어 친청리 내부 곳곳에는 광고스크린이 설치되어 있는데, 이 스크린들은 주파수를 통해 지나가는 고객들의 특성을 파악하여 이들 고객들에게 어울릴 만한 맞춤형 광고를 내보낸다. 또한 엘리베이터 입구에는 구매안내 스크린이 설치되어 있는데, 스마트폰으로 스크린 상의 QR코드를 스캔하면 스마트폰에 증강현실(AR)을 도입한 매장지도가 뜨고, 고객은 이를 이용하여 가고자 하는 매장에 쉽게 찾아갈 수 있다.

각 매장에서도 첨단기술이 적극 활용되고 있다. 예를 들어 가구, 목욕제품, 주방용품 등을 취급하는 타오바오신슈엔(淘宝心选)에서 특정 상품에 대한 상세한 정보를 알고 싶으면 그 상품을 대형 스크린 앞에 갖다 놓기만 하면 스크린으로 그 상품을 소개하는 영상물을 볼 수 있다. 또한 물건 값의 계산은 알리바바가 개발한 무감지불(无感支付)시스템을 통해 자동으로 이루어지기 때문에 고객은 물건을 고른 뒤 그냥 정해진 출구를 통해 나가면 된다. 티엔마오징링(天猫精灵)에서는 음성으로 게임이나 전자제품을 통제할 수 있다. 또한 여기에서는 고객이 지인에게 전하고 싶은 비밀스런 말을 그림으로 표현한 엽서를 만들 수 있는데, 이 엽서를 지인에게 보내면 지인은 이 엽서를 티엔마오징링앱을 이용하여 스캔하면 엽서에 담긴 비밀스런 음성을 들을 수 있다.

이 곳의 매장에서는 전자상거래도 물론 가능하다. 여러 매장 중에서도 티엔마오국제오프라인점(天猫国际线下店)에서의 전자상거래는 좀 더 특이하다. 이 매장 내의 모든 상품은 수입품이며 또한 판매되는 상품이 아니라 전시품들이다. 따라서 고객들은 진열된 상품들을 사용해볼 수는 있지만 사갈 수는 없다. 그렇지만 주문을 하는 것은 가능하다. 이 상점에서의 전자상거래의 장점은 고객이 주문을 하는 순간 수입품 통관절차가 모두 자동으로 해결될 뿐만 아니라 배송지역이 매장에서 5km 이내이면 몇 시간 내에 배송이 가능하다는 점이다. 즉, 일반적인 해외직구과정에서 겪어야 하는 장시간의 기다림이 여기에서는 없다.

자료 : 都市快报, "阿里新零售深度试验场亲橙里开张," 2018年 4月 29日。
联商网, ""重磅！马云又出手了, 阿里首个购物中心""猫茂"正式曝光," 2017年 9月 3日。
搜狐, "火爆亮相的阿里"亲橙里"你看懂了吗 ： 新零售一次教科书式打样," 2018年 4月 29日。
搜狐, "阿里"猫茂"改名"亲橙里", 新零售试验变员工福利？," 2018年 3月 21日。
搜狐, "'猫茂'要来！阿里旗下首家购物中心, 马云的新零售布局愈发波澜壮阔！," 2017年 9月 8日。

둘째는 기존의 오프라인 매장에 전자상거래의 장점을 결합시키는 것으로 첫 번째 유형보다 훨씬 더 광범위하게 이루어지고 있다. 가장 대표적인 방식은 빅데이터 분석을 통해 파악된 정보를 오프라인 매장의 운영에 활용하는 방식이다. 예를 들어 알리바바는 자사의 빅데이터 분석을 통해 제휴업체인 대형마트 다룬파(大润发)를 대상으로 각 지점의 주변에 거주하는 소비자의 선호상품을 선별하여 제공하고 있다. 이 밖에도 다양한 방식을 통해 오프라인 매장의 스마트화가 이루어지고 있다. 오프라인 매장에 전자상거래 사이트에서 판매량이 많은 상품만을 취급하는 구역을 별도로 설치하거나, 판매고 상위에 오른 상품들의 정보를 매장 입구에 게시하여 고객의 상품 선택에 도움을 주기도 한다. 또한 가상현실이나 증강현실을 도입한 매직거울이나 대형 스크린을 설치하여 고객들에게 신선한 체험을 제공하기도 하고, 안면인식기술을 활용하여 계산원이 없이 자동결제가 이루어지도록 함으로서 끊김이 없는 쇼핑 경험을 제공하기도 한다.

셋째는 제조업체와 관련한 유형이다. 신소매의 구현을 위해서는 고객이 원하는 제품을 구매할 수 있도록 하여야 하기 때문에 신소매에서 제조업체의 역할은 매우 중요하다. 이를 위해 많은 제조업체들이 유통업체의 빅데이터 분석 자료를 기반으로 소비자의 수요에 부합하는 신제품 개발에 나서고 있으며, 유통업체의 빅데이터 분석을 통한 수요예측을 근간으로 공급량을 조절함으로써 악성재고나 재고부족이 발생하지 않는 이상적인 공급망관리를 실현해 나가기 위해 노력하고 있다(제12장 '신소매와 제조업체' 참조).

3. 신소매에서의 소비자, 상품, 채널

신소매는 소매의 3대 요소인 소비자, 상품, 채널의 의미를 재정립하는 계기를 제공하고 있다. 전통적인 소매에서의 소비자, 상품, 채널의 의미는 다음과 같은 소매전략 수립 절차를 통해 파악될 수 있다.

- 시장을 세분화한다.
- 여러 세분시장 중에서 판매활동의 대상이 되는 목표시장을 선정한다.
- 목표시장에 속해 있는 소비자들의 평균적인 니즈가 무엇인가를 파악한다.
- 목표시장 소비자들의 평균적인 니즈에 부합할 수 있는 상품을 개발한다.
- 목표시장 소비자들이 선호하는 채널을 통해 상품을 판매한다.

이처럼 전통적인 소매에서의 소비자는 개별적으로 확인이 가능한 구체적인 존재가 아니라 목표시장을 구성하고 있는 추상적인 존재이다. 즉, 전통적인 소매는 소비자 개개인에 대해 관심을 갖는 것이 아니라 목표시장이라는 소비자 집단에 대해 관심을 갖는다. 상품은 대량생산을 통해 만들어져서 목표시장의 소비자들에게 공급되는 상품을 의미하며, 채널은 온라인이든 오프라인이든 단순히 소비자들에게 상품이 공급되는 장소를 의미한다. 그러나 신소매에서의 소비자, 상품, 채널의 개념은 전통적인 소매에서의 개념과는 전혀 다르다([표 1-2] 참조).

| 표 1-2 | 신유통의 등장에 따른 소매 3대 요소의 변화

소비자		상품		채널	
전통적 소매	신소매	전통적 소매	신소매	전통적 소매	신소매
• 물건을 사는 사람 • 추상적인 존재	• 고객체험의 주체 • 구체적인 존재 • 프로슈머	• 거래의 대상 • 대량생산 기반	• 고객체험의 일부 • 맞춤생산 기반	• 채널 간 연관성 없음	• 채널 간 융합 지향 • 최상의 고객체험이 목적

신소매에서의 소비자는 추상적인 존재가 아니라 다양한 정보를 바탕으로 확인이 가능한 구체적인 존재이다. 따라서 신소매에서는 소비자 개개인에 대한 니즈를 파악하고 이를 바탕으로 상품추천 등의 활동을 활발히 전개한다. 아마존이 배송시간 단축을 위해 고객 개개인에 대해 선호상품을 예측하고 해당 고객 거주지 근처에 위치한 매장에 미리 선호상품을 배송해 놓는 방식(예측배송시스템)을 채택하고 있는데, 이러한 사례가 신소매 관점의 소비자관을 잘 반영하고 있다

고 할 수 있다. 또한 신소매에서의 소비자는 단순히 물건을 구매하는 사람이 아니라 개별적 주문을 통해 생산과정에 참여하기도 하는 프로슈머(prosumer)이기도 하다. 고객이 의류회사가 제공하는 가상현실 디자인 플랫폼을 활용하여 자신의 신체사이즈와 취향에 맞는 개별적인 주문을 하고, 회사가 이러한 정보를 바탕으로 맞춤생산하는 것을 그 예로 들 수 있다.

신소매 관점에서의 상품은 독립적으로 존재하는 것이 아니라 고객에게 제공하는 체험을 구성하는 하나의 요소이다. 예를 들어 가구매장에서 고객이 증강현실기술이 장착된 스크린을 통해 여러 가지 스타일의 가구가 번갈아 배치되는 거실을 관찰하고 있는 장면에서 가구는 단순히 상품이 아니라 고객체험을 구성하는 하나의 요소가 된다. 또한 신소매 관점에서는 대량생산이 아닌 고객의 개별적인 니즈에 따라 맞춤생산된 상품의 개념이 강조된다. 앞에서 언급한 바와 같이 신소매 관점의 고객은 추상적인 존재가 아니라 현존하는 실체적 존재이며, 이들 고객에게 최상의 고객경험을 제공하기 위해서는 맞춤생산에 기초하여 상품이 만들어지는 것이 바람직하다는 것이 바로 신소매의 사고방식이다.

전통적인 소매에서는 채널들 간의 연관성에 대해 전혀 관심을 두지 않는 반면 신소매에서는 온라인채널과 오프라인채널 간의 융합을 지향한다. 이 융합의 중심에는 고객체험이 있다. 즉, 신소매는 온라인채널과 오프라인채널이 고객에게 최선의 고객체험을 제공할 수 있는 방향으로 융합되는 것을 추구한다. 예를 들어 마트와 같은 오프라인 매장에서 모바일앱으로 마음에 드는 상품의 QR코드를 스캔하여 주문하고 모바일결제 수단으로 결제하는 경우에 오프라인과 온라인의 경계를 따지는 것은 무의미하며, 온라인과 오프라인의 융합에 의해 고객 체험의 질이 향상되었는지의 여부만이 중요하다.

참고문헌

한승희, "알리바바와 징동 사례로 살펴보는 '2017 중국 전자상거래'," 2018년 1월 2일, 플래텀, http://platum.kr/archives/93608.

글로벌경제신문, "중국 영유아용품시장, 품질 고급화 앞세운 진출 필요," 2018년 1월 4일.

아주경제, "600만 구멍가게 대박 불붙인 알리바바, 아마존이 떤다," 2017년 9월 20일.

중국망, "신소매(新零售), 중국 미래 유통 이끌 키워드," 2018년 2월 6일.

중앙일보, "빅데이터 · AI 활용한 미래형 서점 '아마존 북스'는," 2017년 5월 27일.

한경닷컴, "고객이 고객을 몰고와 年평균 677% 성장… 中 유아용품업계의 '무서운 아이'," 2012년 11월 1일.

东方财富网, "阿里新零售战略提振高鑫业绩 大数据推动商超未来发展," 2018年 3月 6日。

都市快报, "阿里新零售深度试验场亲橙里开张," 2018年 4月 29日。

红商网, "新零售"概念井喷背后 它到底改变了什么？," 2017年 12月 29日。

联商网, ""重磅！马云又出手了, 阿里首个购物中心""猫茂"正式曝光," 2017年 9月 3日。

搜狐, "火爆亮相的阿里"亲橙里"你看懂了吗：新零售一次教科书式打样," 2018年 4月 29日。

搜狐, "阿里"猫茂"改名"亲橙里", 新零售试验变员工福利？," 2018年 3月 21日。

搜狐, "'猫茂'要来！阿里旗下首家购物中心, 马云的新零售布局愈发波澜壮阔！," 2017年 9月 8日。

搜狐, "2017上半年新零售top10榜, 孩子王位居前三," 2017年 8月 14日。

王坤, 相峰. “新零售的理论架构与研究范式[J],” 中国流通经济, 2018(1), 3-11。

Ding, Jason, Bruno Lannes, and Larry Zhu(2017), “Delivering China's “New Retail” Future”, Bain & Company.

CHAPTER 02

신소매의 목적과 배경

CHAPTER 02

신소매의 목적과 배경

1. 신소매의 목적

신소매도 여느 사업과 마찬가지로 수익극대화를 목적으로 한다. 수익은 판매액에서 비용을 차감한 것이기 때문에 수익을 극대화하기 위해서는 판매를 증진시키는 한편, 비용도 절감시켜야 한다. 즉, 신소매도 판매증진전략과 비용절감전략이 잘 갖춰져야 성공적으로 수행될 수 있다. 신소매의 판매증진전략은 오프라인 매장에서의 고객체험 고도화를 통해 고객만족도를 증진시키고, 이를 바탕으로 고객을 지속적으로 매장으로 끌어들이는 데 있다. 신소매의 비용절감전략은 매장 서비스 및 물류와 관련한 비용을 절감시키는 데 초점을 두고 있다. 이러한 논의에 따라 신소매의 목적을 고객체험의 고도화와 비용의 절감의 두 가지 측면에서 살펴볼 수 있다([그림 2-1] 참조).

그림 2-1 ›› 신소매의 목적

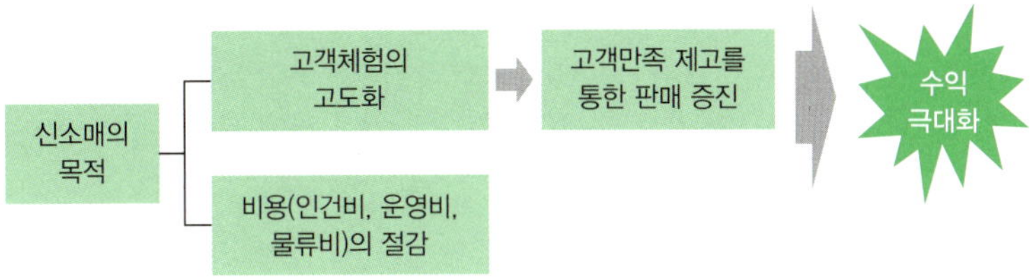

1.1 고객체험의 고도화

신소매가 고객에게 제공하는 신선하고 경이로운 고객체험은 신소매의 경쟁력을 좌우하는 가장 중요한 요소이다. 전자상거래는 편리성과 가성비를 무기로 급성장하였지만 물건을 고르고 매장을 여유 있게 둘러보는 체험적 즐거움을 제공해줄 수는 없다. 또한 체험적 즐거움을 제공해줘야 하는 오프라인 매장들은 비슷한 시설과 서비스로 인해 고객들에게 신선하고 기분 좋은 충격을 주기에는 역부족이다. 이에 반해 신소매는 오프라인 매장에 전자상거래, 클라우드 컴퓨팅, 인공지능, 빅데이터, 첨단물류 등과 같은 첨단기술을 접목시킴으로써 고객들이 여태까지 오프라인 매장에서 체험하지 못했던 신선함과 경이로움을 체험할 수 있도록 해주고 있다. 예를 들어 줄을 설 필요가 없는 자동결제, 현금이 필요 없는 모바일결제, 오프라인 매장에서도 가능한 전자상거래, 전자상거래와 비교해도 손색없는 저렴한 가격, 매장에서 주문한 물건을 30분 만에 집에 가져다주는 초고속 배송서비스, 사람이 아닌 무인차나 드론을 이용한 배송서비스, 자동판매기로 즐기는 가상현실 등 과거에는 상상하기 어려웠던 체험을 할 수 있는 기회를 제공해주고 있다. 이러한 고객체험은 자연스럽게 신소매 매장에 대한 고객들의 만족도 및 충성도 향상으로 이어지고, 이는 다시 신소매 매장의 매출 및 수익 증진으로 이어진다.

1.2 비용의 절감

신소매 전개과정에서 비용의 절감은 매우 중요한 요소이다. 즉, 수익극대화라는 목적을 달성하기 위해서는 고객에게 최상의 고객체험을 제공하는 과정이 매우 비용효율적으로 이루어져야 한다. 신소매에서 비용의 절감은 매우 다양한 방법으로 이루어질 수 있다.

첫째, 무인편의점, 무인마트 등과 같은 무인매장의 경우에는 계산원 등과 관련한 인건비의 절약이 특히 두드러지게 나타날 수 있다.

둘째, 상품의 숫자화와 RFID(무선식별) 등의 도입을 바탕으로 매장에서의 상품관리, 재고관리, 진열관리 등이 훨씬 용이해짐에 따라 점포운영비용이 절감될 수 있다.

셋째, 빅데이터 분석, 클라우딩 컴퓨팅 등을 바탕으로 정확하게 판매를 예측하고 이를 바탕으로 상품을 조달함으로써 판매기회의 상실을 방지할 수 있음은 물론, 과잉재고의 발생에 따른 비용 손실을 사전에 방지할 수 있다.

넷째, 정확한 판매예측과 합리적인 공급망관리를 통해 중간상을 거치지 않고 직접 제조업체와 거래함으로써 중간마진은 물론, 물류비용도 획기적으로 절감시키 수 있다.

다섯째, 자동화물류센터, 무인차, 드론 등 물류와 관련된 혁신적인 기술을 도입함으로써 물류비용을 획기적으로 줄일 수 있다.

2. 신소매의 등장 배경

신소매가 등장한 배경에는 많은 요인들이 복합적으로 작용하고 있다. 중요한 배경 요인들로 전자상거래시장의 정체, 오프라인시장의 부진, 주력 소비층의 변화, 소비구조의 고도화, 기술의 발전, 대형 전자상거래업체의 높은 위상, 중국정부의 정책 전환 등을 들 수 있다.

2.1 전자상거래시장의 정체

중국시장에서 알리바바나 징동과 같은 거대 전자상거래업체들이 오프라인으로 사업을 확장하려는 중요한 계기 중의 하나로 전자상거래시장의 성장률이 점차 둔화되고 있다는 점이 지적되고 있다. 실제로 중국의 전자상거래시장의 성장률은 2012~2013년의 기간 동안에는 무려 50%대를 기록하였지만, 불과 4년 후인 2016~2017년의 기간 동안에는 20%대로 급락하였다([표 2-1] 참조). 우리나라의 전자상거래 성장률이 2010~2016년의 기간 동안 약 15%였던 점을 감안하면 20%대의 성장률도 매우 높은 수준이지만 불과 몇 년 전까지 50%대의 성장률을 구가하였던 점을 감안하면 위기감을 느끼기에 충분하다. 이에 따라 2016~2017년의 기간 동안 전자상거래가 전체 소매시장에서 차지하는 비중의 증가 속도도 상당히 둔화되었다. 마윈이 1995년에 중국 옐로페이지를 인터넷상에 오픈하면서 시작된 중국의 전자상거래의 역사는 이미 20년을 넘어섰지만 2017년을 기준으로 전자상거래가 전체 소매에서 차지하는 비중은 15.5% 수준에 머물러 있다. 이러한 상황을 누구보다 잘 인지하고 있는 거대 전자상거래업체들은 85%가량을 차지하고 있는 오프라인 부문으로의 진출을 통해 문제를 근본적으로 해결하려고 하고 있다.

| 표 2-1 | 중국의 연도별 전자상거래 추이

(단위 : 조 위안)

항목	2011	2012	2013	2014	2015	2016	2017
전자상거래 규모	0.8	1.2	1.9	2.8	3.8	4.7	5.7
전자상거래 성장률	–	50.0%	58.3%	47.4%	35.7%	23.7%	21.3%
소매시장 규모	18.6	21.4	23.8	26.4	30.2	32.9	36.8
소매시장 성장률	–	15.1%	11.2%	12.1%	14.4%	8.9%	11.9%
전자상거래 비율	4.3%	5.6%	8.0%	10.6%	12.6%	14.3%	15.5%

자료 : 中国产业信息, "2017年中国网络购物行业发展概况分析," 2017年 11月 22日。

중국의 전자상거래의 성장이 둔화되고 있는 가장 근본적인 원인은 주력 전자상거래 수단인 무선인터넷의 가입자수 성장률이 점차 둔화되고 있기 때문이다. 2011~2017년의 추이를 보면 무선인터넷 가입자수의 성장률이 2012년에는 32.6%에 달했으나 그 후 뚜렷한 감소추세를 보이면서 2017년에는 3.6% 수준으로 떨어졌다. 이에 따라 전자상거래업체들의 신규가입자 획득비용이 빠른 속도로 상승하면서 경영을 어렵게 만드는 중요한 요인이 되고 있다. 알라바바의 경우 신규가입자 획득비용이 2012년에는 69위안(약 12,000원)에 불과했으나

2016년에는 4배에 가까운 250위안(약 43,000원)으로 상승하였다([표 2-2] 참조).

| 표 2-2 | 중국의 연도별 무선인터넷 가입자수 및 신규가입자 획득비용 추이

항목	2011	2012	2013	2014	2015	2016	2017
무선인터넷 가입자수 (성장률)	4.3억 명 –	5.7억 명 (32.6%)	6.5억 명 (14.0%)	7.3억 명 (12.3%)	7.9억 명 (8.2%)	8.3억 명 (5.1%)	8.6억 명 (3.6%)
신규가입자 획득비용 : 알리바바		69위안	55위안	90위안	155위안	250위안	

자료 : 亿欧智库(2018), 新零售的概念, 模式和案例研究报告。

2.2 오프라인시장의 부진

중국시장에서 전체 소매시장의 성장률이 떨어지면서 전통적인 오프라인 소매업체들이 활력을 잃어 가고 있다는 점도 신소매가 등장한 하나의 원인이라고 할 수 있다. 2010년대에 들어 줄곧 10%를 상회하던 중국 소매시장의 성장률은 2016년에 처음으로 10% 미만(약 8.9%)으로 떨어졌으며, 이 시기에 중국의 많은 대형 유통업체들이 점포수를 대폭 줄이기 시작했다. 마윈이 2016년에 신소매를 주창하기 시작한 것도 이러한 시장 상황과 무관치 않은 것으로 보인다. 즉, 오프라인시장의 성장률이 높은 수준을 유지하고 있었다면 오프라인업체들이 거대 온라인업체의 오프라인으로의 진출에 대해 상당한 거부감을 가졌겠지만 오프라인시장이 고전을 면치 못하고 있는 상황에서 거대 온라인업체가 오프라인을 부흥시킬 수 있는 방법론을 제시하면서 공생을 도모하려고 하는 데 대해서는 수용하는 분위기가 형성되었을 가능성이 높다. 따라서 오프라인시장의 부진은 거대 전자상거래업체의 입장에서는 오프라인 진출의 명분을 확보할 수 있는 좋은 기회가 되었다고 할 수 있다. 이러한 상황에서 신소매를 활용하여 경제를 견인하려는 노력은 상당한 성공을 거둘 수 있을 것으로 예상되고 있다. 중국의 미래산업연구원(前瞻产业研究院)이 발간한 '2017~2022년 중국 소매시장의 미래 및 투자전략 분석 보고서(中国零售行业市场前瞻与投资战略规划分析报告)'에 따르면 신소매 거래규모는 2017년의 389.4억 위안(약 6.6조 원)에서 매년 2배 이상씩 성장하면서 2022년에는 1.8조 위안(약 306조 원)에 달할 것으로 예상되었다.

글 2-1 우리나라의 소비시장 상황 분석

우리나라의 경우 2010~2106년 기간 동안의 전자상거래 규모는 연평균 약 15%의 성장률을 기록하였으며, 추세로 보면 2013년에 저점을 찍은 후 점차 상승하는 추세를 보이고 있다. 이에 따라 전체 소매시장에서 전자상거래가 차지하는 비중은 이 기간 동안 8.9%에서 17.0%로 증가하였다. 특히 모바일 전자상거래가 전체 전자상거래에서 차지하는 비중이 이 기간 동안 0%에서 54.2%로 폭발적으로 증가하였다. 전체 소매시장 성장률은 2011년에는 9%대를 기록하였지만 2013~2015년에는 1~2%대를 기록하였고, 2016년에 약간의 회복세를 보였다. 이처럼 우리나라의 경우에는 전자상거래시장이나 전체 소매시장의 성장률이 특히 최근 들어 감소하는 추세는 발견되지 않았다. 그러나 성장률 자체가 중국시장에 비해 매우 낮은 수준이기 때문에 이를 극복할 수 있는 돌파구가 마련되어야 한다는 것은 틀림없다.

| 표 2-3 | 우리나라의 연도별 전자상거래 추이 (단위 : 조 원)

항목	2010	2011	2012	2013	2014	2015	2016
전자상거래 규모	27.4	31.6	35.8	39.7	45.2	53.9	65.7
전자상거래 성장률	-	15.3%	13.3%	10.9%	13.9%	19.2%	21.9%
소매시장 규모	306.5	335.5	350.0	353.7	361.2	369.9	385.9
소매시장 성장률	-	9.5%	4.3%	1.1%	2.1%	2.4%	4.3%
전자상거래 비율	8.9%	8.2%	10.2%	11.2%	12.5%	14.6%	17.0%

자료 : 박찬욱(2017), 실전 유통론, 도서출판 청람, 126.

2.3 주력 소비층의 변화

새로운 사고방식과 라이프스타일을 지닌 신세대의 주력 소비계층으로의 부상은 신소매 등장의 필요조건이라고 할 수 있다. 즉, 신소매는 바로 이들 젊은 세대를 겨냥한 새로운 형태의 소매라고 할 수 있다. 신세대와 관련하여 중국에서는 특히 80년대생인 바링호우(八零后)와 90년대생인 지오링호우(九零后)가 주목을 받고 있다. 2015년의 인구조사에 따르면 이들 세대의 수는 4억 명에 달하고 있다. 숫자도 많지만 중국이 경제적으로 빠른 속도로 발전하고 있을 때 성장한 이들은 여러 가지 측면에서 전 세대와는 상당한 차이를 보이고 있다. 이들은 대부분이 한 자녀 가정에서 태어나 성장하였기 때문에 개성이 강하고, 자기 중심적이며, 자신의 의견을 뚜렷이 표출하는 경향이 강하다. 또한 스마트폰의 생활화로 인해 온라인환경에 매우 익숙하고 거부감이 없다. 소비활동에도 이러한 신세대의 특성이 반영되어 있다. 이들은 보편적으로 인기가 있는 상품보다는 자신의 개성에 부합하는 상품을 선호하고, 가성비도 중요시하지만 품질이 좋다면 무리가 되더라도 높은 가격을 지불할 의향도 가지고 있으며, 특히 강력하고 차별화된 체험을 통해 자신에게 어울리는 상품을 선택할 수 있기를 원하는 경향이 강하다.

2.4 모바일인터넷의 성장

모바일인터넷의 성장은 신소매의 발전에 결정적인 역할을 수행하고 있다. 왜냐하면 오프라인 매장에서 온라인적인 환경을 조성하기 위해서는 고객이 온라인환경을 체감할 수 있는 수단이 있어야 하는데 모바일인터넷이 바로 이를 가능하게 하는 수단이기 때문이다. 예를 들어 무인점포의 실현을 위해서는 출입, 결제, 상품정보 검색, 전자상거래 등이 점원의 도움 없이 이루어져야 하는데 이때 스마트폰을 이용한 모바일인터넷은 필수불가결한 수단이다. 중국의 모바일전자상

| 표 2-4 | 중국의 연도별 모바일전자상거래 점유율 추이 (단위 : 조 위안)

항목	2011	2012	2013	2014	2015	2016	2017
유선전자상거래	0.8	1.1	1.6	1.9	1.7	1.4	1.5
모바일전자상거래	0	0.1	0.3	0.9	2.1	3.3	4.2
전자상거래 합계	0.8	1.2	1.9	2.8	3.8	4.7	5.7
모바일전자상거래 점유율	0.0%	8.3%	15.8%	32.1%	55.3%	70.2%	73.7%

자료 : 中国产业信息, “2017年中国网络购物行业发展概况分析,” 2017年 11月 22日。

거래가 전체 전자상거래에서 차지하는 비중은 2011년의 0%에서 2017년에는 무려 73.7%로 성장하였으며, 가장 대표적인 전자상거래 업체인 알리바바의 경우 전체 거래액 중에서 모바일전자상거래가 차지하는 비중이 2014년의 19%에서 2017년에는 79%로 성장하였다. 우리나라의 경우도 모바일전자상거래의 비중은 2012년의 5%에서 2016년에는 54.2%로 성장하였다. 매우 높은 성장률이라고 할 수 있지만 중국에 비해 상당히 낮은 수준을 보이고 있다.

| 표 2-5 | 알라바바의 연도별 총거래액 및 모바일전자상거래 비중

항목	2014	2015	2016	2017
총거래액(십억 위안)	1,678	2,444	3,092	3,767
모바일전자상거래 비중	19%	41%	65%	79%

자료 : 搜狐, "技术推动零售大变革？其实新零售的本质还是"人"," 2018年 5月 4日。

| 표 2-6 | 우리나라의 연도별 모바일전자상거래 점유율 추이 (단위 : 조 원)

항목	2010	2011	2012	2013	2014	2015	2016
유선전자상거래	–	–	34.0	33.8	31.7	29.5	30.1
모바일전자상거래	–	–	1.8	5.9	13.5	24.4	35.6
전자상거래 합계	27.4	31.6	35.8	39.7	45.2	53.9	65.7
모바일전자상거래 점유율	–	–	5.0%	14.9%	29.9%	45.3%	54.2%

자료 : 박찬욱(2017), 실전 유통론, 도서출판 청람, 126.

2.5 기술의 발전

오프라인 매장을 업그레이드하여 신소매를 구현하기 위해서는 매우 다양한 기술들이 요구된다. 상품의 숫자화를 위해 QR코드나 RFID 등과 같은 기술이 필요하고, 자료의 수집 · 저장 · 분석을 위해 빅데이터, 클라우드 컴퓨팅, 생체인식, 인공지능, 기계학습, 사물인터넷 등과 관련된 기술들도 필요하다. 또한 모바일결제 등과 같은 온라인 금융기술, 배송을 위한 무인차 · 드론관련 기술이나 전자동 물류센터의 구축을 위한 로봇기술 등도 필요하며, 고객체험의 고도화를 위해 VR/AR(가상현실/증강현실)기술도 필요하다. 그런데 이러한 기술들은 대부분 신소매가 등장한 이후 개발된 것이 아니라 이미 그 이전에 개발된 기술들이다. 즉, 이러한 기술들이 존재하지 않았다면 신소매의 등장은 가능하지 않았을 것이다. 이러한 의미에서 신소매는 기술적 환경이 만들어낸 결과물이라고도 할 수 있다.

2.6 대형 전자상거래업체의 높은 위상

대형 온라인 유통업체의 높은 위상은 신소매의 빠른 확산에 결정적인 기여를 하고 있다. 중국의 알리바바와 징동, 그리고 미국의 아마존 등이 그 예이다. 신소매는 오프라인과 온라인의 융합을 추구하기 때문에 이를 구현하기 위해서는 인공지능, 클라우드 컴퓨팅, 빅데이터, 사물인터넷 등 다양한 형태의 정보기술과 데이터기술이 필요하다. 알리바바, 징동, 아마존 등의 대형 온라인 유통업체들은 전자상거래 업무를 추진하는 과정에서 이러한 기술들을 자연스럽게 축적하고 있으며, 또한 부족한 기술들을 스스로 개발할 수 있는 능력도 가지고 있다. 이 기업들은 높은 수준의 기술과 막강한 판매력과 자금력 등을 바탕으로 제조업체와 오프라인 유통업체들을 선도하면서 신소매의 추진을 주도해 나갈 수 있다. 반면에 오프라인 유통업체나 제조업체는 규모가 매우 큰 경우에도 신소매를 주도적으로 확산시켜 나가기는 어렵다. 왜냐하면 이들 기업들은 대부분 신소매 오프라인 매장을 구축하는 데 필요한 기술이 부족하기 때문이다. 중국에서 대형 오프라인 유통업체들이 신소매사업을 자체적으로 추진하기보다는 알리바바 진영이나 징동 진영에 참여하는 형태로 추진하는 가장 주된 이유도 기술의 부족에 있다. 우리나라의 편의점기업들이 미래형 편의점 구축을 위해 KT나 SK 등과 같이 정보기술을 보유한 기업들과 업무제휴를 체결하는 것도 바로 부족한 기술을 보완하기 위함이다([글 2-2] 참조).

글 2-2 신소매 추진을 위한 대형 오프라인 유통업체와 ICT기업의 연합

GS25를 운영하는 GS리테일은 지난해 5월 KT와 미래형 점포 개발을 위한 업무협약을 체결했다. 그 결과 올해 1월 인공지능(AI) 헬프데스크 'GS25 챗봇지니'서비스를 전국 1만2,000개 점포에서 선보이고 있다. 양사는 향후에도 빅데이터 연계를 통한 상권 분석 정교화, 경영주 · 근로자 업무 효율성 향상 등 미래형 점포를 구현하기 위한 교류를 지속할 예정이다. CU를 운영하는 BGF리테일과 SK는 지난해 12월 '혁신적 Digital 기술기반의 미래형 편의점 구현에 대한 공동 개발 등'에 관한 업무협약을 체결했다. BGF리테일이 보유한 편의점 운영 노하우와 SK그룹의 첨단 IT기술을 접목해 미래형 편의점 구현을 위한 기술 개발을 본격적으로 추진할 계획이다. 올해 상반기에는 SK와 함께 AI도우미 '누구(NUGU)'를 선보일 예정이다. CU관계자는 "편의점업체는 ICT기업의 최신기술을 활용하고, ICT기업은 자사의 기술을 편의점이라는 오프라인 플랫폼에 테스트해볼 수 있어 서로가 '윈-윈'하는 구조"라며 "장기적으로 인증된 사람만 무인점포에 입장할 수 있도록 보안시스템을 구축해야 하는데, 통신사 멤버십서비스와 연동하면 시너지효과를 낼 수 있을 것"이라고 했다.

자료 : 헤럴드경제, "[무인화시대 성큼 ③] 편의점업계 무인화실험 본격화… 상용화는 아직 시기상조," 2018년 3월 6일.

또한 온라인 유통업체들과는 달리 오프라인 유통업체나 오프라인 유통을 동시에 수행하고 있는 제조업체들은 공간적인 제약이 있기 때문에 신소매를 구현하더라도 자사가 보유하고 있는 매장 밖으로 신소매관련 사업을 확대시키기는 용이하지 않다. 예를 들어 중국의 대표적인 스마트폰 등의 제조업체인 샤오미(小米)는 중국 신소매 분야에서 알리바바와 징동에 이어 세 번째로 높은 경쟁력을 가지고 있는 것으로 나타났지만, 신소매사업의 추진은 자사가 보유하고 있는 매장에 제한될 수밖에 없다([글 2-3] 참조).

글 2-3 샤오미의 신소매 전개방식

시장조사기관 핀투(品途)가 발표한 '2017년 신소매 경쟁력 TOP 100업체'에 따르면 알리바바(阿里巴巴), 징동(京东), 샤오미(小米)가 상위 3위 업체로서 신소매 분야에서 압도적인 경쟁력을 확보한 것으로 조사됐다. 이와 더불어 신소매는 유통업체에 국한되지 않고 업종에 상관없이 기업의 경쟁력을 좌우하는 핵심 트렌드로서 산업 전반으로 확산돼가는 추세라고 진단했다. 특히 중국 전자상거래를 대표하는 기업인 알리바바와 징동은 적극적으로 온·오프라인 통합을 시도하며 신소매를 둘러싼 유통시장의 승기를 잡기 위해 각축을 벌이고 있다. 또 샤오미의 경우 신소매전략의 본격 시동을 위해 그동안 추구했던 온라인 판매전략을 과감히 수정해 체험형 매장을 확장한다는 계획을 수립하였다. 샤오미는 오프라인 매장인 샤오미즈자(小米之家)를 현재의 100여 곳에서 3년 내 1,000여 곳까지 늘리기로 하였다. 샤오미즈자는 스마트폰뿐만 아니라 샤오미 전동휠, 밴드, 다리미, 이어폰, 드론, 청소기 등 샤오미 브랜드의 다양한 IT제품을 취급하고 있다. 특히 소비자들이 오프라인 매장에서 샤오미의 온라인채널과 동일한 가격으로 샤오미 제품을 구매할 수 있는 점이 경쟁력으로 꼽힌다. 샤오미즈자가 핸드폰 이외에 다양한 제품을 취급하게 된 가장 큰 이유는 핸드폰만 취급하면 고객들은 2년에 한 번 정도 매장을 방문하지만 수명이 1년 정도인 상품 20~30개를 동시에 취급하면 고객들이 한 달에 한 번 정도 방문할 수 있도록 유도할 수 있기 때문이다. 샤오미츠자의 이러한 전략은 상당한 성공을 거두고 있다. 샤오미즈자의 평균 면적은 250m²이며, 매장당 연평균 매출액은 약 100억 원으로 단위 면적당 매출액이 미국 애플사의 매장에 이어 세계 2위를 차지하고 있다.

자료 : 뉴스핌, "포스트 전자상거래 '신소매', 중국 유통질서 재편 가속," 2017년 9월 1일.
颜艳春(2018), "十大新零售案例 : 零售到底发生了哪些变化," Retail Today, 62–66。

2.7 중국 정부의 정책 전환

중국은 1978년의 개혁개방 이후 투자 · 수출 중심의 성장전략을 바탕으로 '세계의 공장'을 자처하며 2011년까지 30여 년 동안 연평균 약 10%의 고속성장을 지속해왔다. 그러다가 투자 · 수출 성장전략에 한계를 느낀 중국정부는 제12차 5개년 계획(2011~2015년)을 계기로 내수 · 소비 중심의 성장전략으로 전환하였다. 그러나 2012년 이후 투자와 수출은 물론 성장전략의 초점인 소비의 증가율마저 둔화되면서 성장률은 7%대로 감소하였다. 이러한 배경에서 소비의 활성화는 중국정부의 지대한 관심 대상이 되어왔다. 급기야 시진핑(习近平) 중국 국가주석은 2017년 10월 제19차 공산당 전국대표대회(中国共产党第十九次全国代表大会)에서 '공급 측' 개혁의 일환으로 "인터넷, 빅데이터, 인공지능을 실물경제와 융합해 중고급 소비를 일으키라"고 주문하면서 이를 위한 대대적인 투자와 지원에 나서겠다고 밝혔다. 즉, 소비 부문의 국내총생산(GDP) 성장에 대한 기여율을 선진국 수준인 70% 수준으로 끌어올려야 하는데, 이를 위해서는 온라인기술을 오프라인 매장에 접목하여 매장을 첨단화하고 이를 통해 소비자를 끌여들여야 한다고 언급한 것이다. 이러한 언급은 신소매가 추구하는 이상적인 상황과 정확히 일치한다.

마윈(马云)은 시진핑의 주문이 있었던 시점으로부터 1년 전인 2016년 10월에 개최된 알리바바의 테크놀로지 제전 '항저우 · 윈치대회'에서 신소매를 주창했다. 알리바바와 중국정부 간에 사전 교감이 있었는지는 확인할 수 없지만 적어도 신소매는 중국정부의 지대한 관심사인 것만은 분명하다. 결론적으로 중국정부의 중고급 소비 증진에 대한 지대한 관심은 신소매의 확산을 촉진시키는 중요한 요인이 되고 있다.

참고문헌

박찬욱(2017), 실전 유통론, 도서출판 청람, 126.

뉴스핌, "중국 3차 유통혁명 '신소매' 가 제시하는 미래형 소비," 2017년 7월 21일.

뉴스핌, "포스트 전자상거래 '신소매', 중국 유통질서 재편 가속," 2017년 9월 1일.

대외경제정책연구원(2017), "'신소매(新零售)' 시대의 중국," 이슈분석, CSF 2017-56.

대외경제정책연구원(2015), 중국의 소비 주도형 성장전략 평가, 연구보고서, 2015년 12월 30일.

아주경제, "'신소비' 만개한 中… '소비 질 향상' VS '대중 일상 볼모화'," 2018년 2월 26일.

이투데이, "알리바바, 中 슈퍼마켓 체인에 3,400억 지분 투자… 오프라인 확장," 2016년 11월 21일.

인민망(人民网) 한국어판, "월마트 이어 까르푸도 中 신유통에 SOS… 텐센트×징둥 진영에 가세," 2018년 1월 25일.

헤럴드경제, "[무인화시대 성큼 ③] 편의점업계 무인화실험 본격화… 상용화는 아직 시기상조," 2018년 3월 6일.

孟永辉(2018), "新零售时代 阿里､腾讯是否会成为唯一赢家?," 品途商业评论, 红商网, 2018年 3月 6日。

新浪科技, "新零售元年阿里腾讯主宰两极, 2018年会走向何方?," 2018年 2月 18日。

搜狐, "技术推动零售大变革?其实新零售的本质还是"人"," 2018年 5月 4日。

亿欧智库(2018), 新零售的概念, 模式和案例研究报告。

中国产业信息, "2017年中国网络购物行业发展概况分析," 2017年 11月 22日。

CHAPTER 03

신소매와 고객체험

CHAPTER 03

신소매와 고객체험

1. 고객체험의 개념

소비자는 상품이나 서비스의 구매와 관련하여 구매의 필요성 인식에서부터 시작하여 정보탐색, 대안의 설정과 평가, 대안의 선정, 구매, 사용 등을 거쳐 사용 후 평가에 이르기까지 여러 과정을 거친다. 이러한 여러 과정에서 고객은 기업이나 브랜드와 다양한 접점을 형성하게 되는데 이러한 접점에서 고객이 겪게 되는 모든 것들을 통틀어 '고객체험'이라고 정의할 수 있다. 고객체험의 개념은 콜롬비아 경영대학의 번트 슈미트(Bernd H. Schmitt) 교수가 2003년에 '고객체험관리(*Customer Experience Management*)'라는 저서를 출간하면서 본격적으로 이슈화되기 시작하였다.

그는 이 저서에서 고객체험관리를 "재화나 서비스의 정보탐색부터 구매 후 평가 단계에 이르기까지 고객이 기업의 브랜드와 직 · 간접적으로 접촉하면서 생기는 체험을 관리하는 과정"으로 정의하였다. 그는 현대사회가 농업경제에서 산업경제를 거쳐 서비스경제로 진입하면서 소비자들이 점점 더 자신이 느낄 수 있고 체험할 수 있는 제품 · 커뮤니케이션 · 마케팅캠페인 등을 원하고 있음을 강조하고 있다. 즉, 고객체험은 이성적인 측면보다는 감성적인 측면, 상품보다는 고객을 강조하는 개념이라고 할 수 있다.

2. 신소매에서의 고객체험의 의미

유통업체의 관점에서 가장 중요한 고객체험은 매장 내에서의 고객체험이라고 할 수 있다. 최근 들어 매장 내에서의 고객체험은 많은 주목을 받고 있다([글 3-1] 참조). 실제로 자동차, 서적, 전자제품, 공구, 농축산물, 핸드폰, 가구, 커피숍 등 업종을 가리지 않고 많은 기업들이 매장으로 손님을 끌어들이기 위해 '체험'을 내세우고 있다. 이러한 현상은 소비자들이 구매 의사결정을 함에 있어서 오관을 통해 스스로 체험한 것을 중시하는 추세를 반영하고 있다. 즉, 소비자들이 구매를 한 후에 비로소 제품을 체험하는 것이 아니라 체험을 먼저 하고 그 결과에 따라 구매 여부를 결정하는 경향이 커지고 있음을 보여주고 있다.

글 3-1 오프라인 매장에서의 고객체험

1 전통적인 소매업체들이 전자상거래업체들의 위세에 밀려 오프라인 매장을 철수하고 있다. 그러나 1998년 '고객체험의 경제학(*The Experience Economy*)'을 출간한 경제학자 조지프 파인(B. Joseph Pine II) 교수는 2017년 '*HBR*(*Harvard Business Review*)'을 통해 소매업체들이 살아남으려면 오히려 매장이 단순히 물건을 판매하는 곳 이상이 되어야 한다고 역설했다. 고객들이 방문할 이유를 만들어야 한다는 것이다. 포르투갈의 포르투에 있는 렐루 서점은 입장료 4유로(약 5,100원)를 받는다. 책을 사야만 입장료를 돌려받을 수 있다. 그런데도 서점은 전 세계에서 온 사람들로 발 디딜 틈이 없다. 세계에서 가장 아름다운 10대 서점 중 하나로 알려진 렐루 서점은 1869년 세워져 그 자체로 하나의 예술품이라는 평가를 받는다. 책방이지만 단순히 책을 파는 곳 이상이기 때문에 사람들은 기꺼이 4유로를 낸다. 경험을 선사하는 매장은 소매업체들이 시도하는 새로운 형식이 되고 있다. 글로벌 프리미엄 식품 소매업체인 이탈리(Eataly)의 매장은 식료품뿐만 아니라 레스토랑, 카페, 쿠킹클래스 등을 운영하는 공간이다. 고급 가구점 레스토레이션하드웨어는 시카고에 있는 7만 제곱피트(약 1,967평) 규모의 매장에 카페를 마련했다. 에스프레소바, 안뜰에 있는 카페, 와인 룸까지 마련된 매장에서 고객들은 오랜 시간 머물다 간다.

자료 : 이투데이, "전통 소매업체가 살아남는 비법… "매장으로 돌아가라"," 2017년 12월 8일.

2 에이스침대가 거세지는 e-커머스 파고에 맞서 '고객체험관리(CEM)'를 강화하고 있다. 이 회사는 최근 경기도 용인시에 10번째 '에이스스퀘어(Ace Square)' 용인점을 냈다. 에이스스퀘어는 에이스침대가 운영하는 프리미엄 매장으로 다양하고 전문적인 매트리스제품을 직접 체험하고 비교하며 선택할 수 있게 하는 곳이다. 3~7층 규모로 짓는 까닭에 넓은 공간이 요구되는 매트리스 체험공간도 설치할 수 있다. 또한 에이스침대 대표 모델은 물론 '리오가구', 노르웨이 에코르네스사의 리클라이너 '스트레스리스'도 만날 수 있다. 직영매장 '에이스에비뉴'도 전국에 3곳을 뒀다. 휴게텔 개념의 '에이스

헤리츠 슬립센터'가 설치돼 여기에선 2, 3시간 정도 숙면을 하며 매트리스를 고를 수 있다. 제품 특성상 침대(매트리스)는 체험요소가 강한 편이다. 직접 누워 보고 자신의 체형에 맞춰 구매하지 않으면 불편할 수도 있는 상품이다. 양 매장은 숙면과 휴식이 중시되는 에이스침대의 제품을 제안하고 고객에게 각인되는 경험을 선사한다. 에이스침대가 이처럼 고객체험관리(CEM)를 강화하는 것은 e-커머스 등 모바일 · 온라인 비대면거래 확대에 따라 고객접점이 약화되는 것을 막자는 차원이다. 고객의 활발한 경험을 유도하고, 이를 합리적인 구매로 연결시키겠다는 것이다.

자료 : 헤럴드경제, "'고객체험관리' 강화하는 에이스침대," 2018년 3월 26일.

신소매는 오프라인 공간에 온라인적인 요소를 접목시키는 형태로 전개된다. 따라서 오프라인 매장에서의 고객체험은 오프라인적인 체험과 온라인적인 체험으로 나누어질 수 있다. 매장에서 오감을 통해 진열된 상품을 느끼는 것, 판매원에게 문의하는 것, 매장의 쾌적한 분위기를 즐기는 것 등은 전형적인 오프라인적인 체험이라고 할 수 있다. 반면에 매장에서 핸드폰으로 상품에 부착된 QR코드를 찍어 즉석에서 온라인 주문을 하는 것, 줄을 설 필요 없이 핸드폰과 연계된 모바일결제서비스를 통해 자동으로 결제를 하는 것, 내방한 적이 있는 매장의 입구에 있는 카메라가 자신의 얼굴을 식별하여 개폐식 문이 자동으로 열리는 것 등은 온라인적인 체험이라고 할 수 있다. 이 가운데 온라인적인 체험은 신소매가 전개되기 이전에는 체험하기 어려웠던 것으로 고객에게 신선하고 차별화된 느낌을 줄 수 있다. 신소매에서의 고객체험의 특징은 오프라인적인 체험과 온라인적인 체험이 한데 어우러져 하나의 구매가 완성된다는 데 있다. 즉, 다양한 체험들이 자연스럽게 연이어 이루어지면서 하나의 구매가 이루어진다는 것이 신소매의 가장 큰 특징이다.

3. 신소매에서 고객체험이 강조되는 이유

알리바바, 징동, 아마존 등 대형 전자상거래기업들을 비롯한 많은 기업들이 고객들로 하여금 오프라인 매장에서 온라인적인 체험을 할 수 있도록 만들어 나가기 위해 많은 노력을 기울이고 있다. 이들 업체들이 오프라인 매장에서의 고객체험을 중시하는 이유는 무엇일까? 그 이유를 소비자들의 체험 중시 경향과 온라인 및 물류기술 발전의 두 가지 측면에서 찾을 수 있다.

3.1 소비자들의 체험 중시 경향

첫째, 고객들이 주로 시각에만 의존하는 온라인 공간에서의 체험에 만족하지 않고 일상생활의 공간에 위치한 오프라인 매장에서 오관을 통해 보다 생동감 있는 체험을 하기를 선호한다는 점이 지적될 수 있다. 이러한 변화의 이면에는 주력 소비자층의 변화와 소비구조의 고도화가 자리하고 있다.

3.1.1 주력 소비자층의 변화

주력 소비계층으로 등장한 20, 30대 젊은 소비자층은 온라인에 익숙하고, 개성이 강하며, 활동적인 특성을 지니고 있다. 물건을 구입하는 데 있어서도 품질이 좋고 자신의 개성을 표출할 수 있는 제품이라면 무리를 해서라도 기꺼이 물건을 구입하려는 특성을 지니고 있다. 이들의 관점에서는 시각에만 의존할 수밖에 없는 온라인상에서의 간접적 체험은 제품의 품질이나 이미지를 확인하기에 충분치 않다. 따라서 신소매가 추구하는 '온라인의 장점이 보강된 오프라인 매장에서의 체험'은 이들에게 매우 매력적으로 다가갈 수 있다.

3.1.2 소비구조의 고도화

특정 분야에서의 소비가 전체 소비에서 차지하는 비중을 의미하는 소비구조는 소비의 중심이 식량 · 소비재 · 내구재 · 서비스의 방향으로 변화하면서 고도화되어 가고 있다. 예를 들어 중국의 소비구조의 고도화는 3차에 걸쳐 이루어진 것으로 평가되고 있다. 제1차는 개혁개방 초기(1970년대 말~1980년대 중반)로 식량 부문의 소비가 줄어들고 경공업제품의 소비가 급격히 늘어난 시기이고, 제2차는 1980년대 말~1990년대 말에 이르는 시기로 가전제품을 중심으로 내구재의 소비가 급격히 늘어난 시기이다. 마지막으로 제3차는 2000년대 초부터 현재에 이르는 시기로 교육, 오락, 문화, 교통, 통신, 의료보건, 주택, 여행 등의 서비스 소비가 급격히 증가하고 있는 시기를 지칭한다. 즉, 제3차 소비구조 고도화 시기에는 제품이 아닌 서비스가 강조되고 있다. 서비스는 제품과는 달리 체험하기 이전에는 품질을 판단하기가 힘든 '체험재'에 속하기 때문에 오프라인 매장에서의 체험은 더욱 큰 중요성을 갖는다. 또한 서비스상품은 아니더라도 자동차, 스마트폰, 키친가구, 고급오디오, 대형프로젝션TV 등 고급기술이 장착된 고가 내구재제품들의 경우에도 오관을 통한 직접 체험이 매우 중요하기 때문에 오프라인 매장의 역할이 매우 크다([글 3-2] 참조).

글 3-2 샤오미(小米)와 고객체험

몇 년 전까지만 해도 샤오미는 중국에서 가장 주목받는 스타트업이었다. '애플 짝퉁'이라는 수식어를 비웃듯 샤오미는 가성비를 내세워 승승장구했고, 2014년 중국 스마트폰 1위, 글로벌 5대 스마트폰 제조사 대열에 합류하며 저력을 증명했다. 하지만 빠른 성장만큼 빠른 속도로 추락했다. 짧은 전성기 이후 샤오미는 하락세로 돌아섰고 2016년 시장점유율이 급락하면서 '샤오미 위기론'이 확산됐다. 한동안 잠잠하던 샤오미가 최근 화려한 부활의 날갯짓을 하고 있다. 인도 등 신흥국 스마트폰시장에서 저가 스마트폰 열풍을 이끄는가 하면 소형 전자기기, 웨어러블 기기 등 각종 정보기술(IT) 기기로 사업 영역을 확장, 샤오미 생태계를 넓혀가고 있다. 샤오미 부활이 가능했던 데는 판매채널 확대 및 기술 경쟁력 확보 노력도 주효했다. 샤오미는 온라인 판매에 기반한 저가전략을 고집했지만, '체험형 소비자'가 증가하고 경쟁사 벤치마킹에 따른 경쟁력 하락이 뚜렷해지자 오프라인 매장에 눈을 돌렸다. 샤오미는 2015년 9월 베이징에 오프라인 매장 샤오미즈자(小米之家)를 처음 오픈한 이후 스마트폰, IT제품, 소형가전 등의 다양한 제품을 전시, 체험 공간을 제공하며 소비자 마음을 사로잡았다. 2017년 말, 샤오미즈자 중국 매장수는 230여 개로 대폭 늘었으며, 매장 방문자수도 3,200만여 명에 달한다.

샤오미즈자는 약 200개의 SKU를 전시하고 있으며, 가장 일상적인 생활공간으로 매장을 꾸며서 고객들이 최대한 샤오미제품을 잘 체감할 수 있도록 도모하고 있다. 이렇게 함으로써 전자상거래를 하지 않는 고객들에게도 샤오미상품의 이미지를 각인시킬 수 있다. 또한 오프라인에서의 가격을 온라인에서의 가격과 동일하게 유지시킴으로써 매출을 크게 신장시킬 수 있었으며, 그 결과 매장의 평당 매출액이 전 세계에서 애플스토어에 이어 2위를 기록했다. 그런데 매장에서 상품을 판매하는 것보다 더 중요한 것은 매장에 방문한 고객들을 온라인으로 끌어들여 훨씬 더 다양한 샤오미상품에 대해 알 수 있도록 하는 것이다. 매장의 판매원들은 내방고객들이 샤오미앱을 다운받아 핸드폰으로 결제하도록 유도하고 있다. 이렇게 온라인과 오프라인을 연계시킴으로써 편리성과 체험감을 동시에 누릴 수 있도록 하고 있다.

자료 : 뉴스핌, "[중국기업] 샤오미 어떻게 살아났나, 삼성 제치고 인도서 1등한 샤오미," 2018년 2월 1일.
人人都是产品经理, "2017新零售用户体验观察," 2018年 2月 16日。
亿邦动力网, "新零售中心 ： 消费者体验究竟是什么？," 2017年 10月 17日。

3.2 온라인 및 물류기술의 발전

둘째, 신소매를 선도하는 대형 전자상거래업체들이 오프라인 매장에서 온라인적인 체험을 고객들에게 제공하는 데 필요한 기술과 인프라를 이미 갖추고 있거나 혹은 갖출 수 있는 능력을 보유하고 있다는 점도 체험을 강조하는 중요한 배경이 되고 있다. 예를 들어 안면인식기술을 이용하여 본인 인증이 가능하도록 하거나, 고객이 선택한 상품을 센서로 인식하여 줄을 서지 않고 자동결제가 가능하도록 하거나, 매장에서 스마트폰으로 QR코드를 찍어 즉석에서 온라인 주문을 할 수 있도록 하거나, 빅데이터 분석을 통해 고객의 니즈에 부합하는 상품의 쿠폰을 바로 매장 현장에서 고객의 스마트폰으로 발송하는 등의 활동을 전개하려면 생체인식, 기계학습, 클라우드 컴퓨팅, 센서기술 등의 기술이 필요하다. 그런데 대형 온라인기업들은 이러한 기술들을 이미 보유하고 있거나 개발능력을 가지고 있다. 또한 이들 기업들이 제조업체나 오프라인 유통업체와는 비교할 수 없는 높은 수준의 물류시스템을 가지고 있다는 점도 오프라인 매장에서의 온라인적인 체험을 뒷받침해주는 버팀목이 된다. 고객에게 짧은 시간에 정확하게 배송을 완료하기 위해서는 자동화된 물류시설, 광범위하고 정교한 배송시스템 등이 갖춰져야 하는데 이들 기업들은 막대한 시설투자와 부단한 기술개발을 통해 이를 실현해 나가고 있다.

4. 신소매와 채널전략

채널전략의 관점에서 보면 신소매는 온라인과 오프라인의 융합을 지향하는 옴니채널(omni-channel)전략을 추구하고 있다고 할 수 있다. 옴니채널은 '소비자가 온라인, 오프라인, 모바일 등 다양한 채널을 넘나들며 상품을 검색하고 구매할 수 있도록 하는 서비스'를 의미한다. 유통채널을 오프라인채널과 온라인채널로 구분할 때 소매유통기업의 채널전략은 단채널(single-channel)전략, 다채널(multi-channel)전략, O2O(online to offline)전략, 옴니채널전략 등으로 구분될 수 있다. 대체로 시간의 흐름에 따라 단채널전략 → 다채널전략 → O2O전략 → 옴니채널전략의 방향으로 발전해왔다.

4.1 단채널전략

단채널전략은 오프라인과 온라인 중에서 한쪽만을 활용하는 전략을 의미한다. 단채널전략은 주로 온라인채널이 활성화되어 있지 않은 시기를 그 배경으로 하고 있지만 전자상거래가 상당히 활성화되고 있는 오늘날에도 많이 발견된다. 예를 들어 신차거래나 주택거래는 아직도 거의 전 과정이 오프라인채널에 의존하여 이루어지고 있다. 또한 오프라인 판매망을 확보하지 못한 소규모 농가가 인터넷에만 의존하여 판매하는 예도 많이 발견되고 있다.

4.2 다채널전략

다채널전략은 오프라인채널과 온라인채널을 서로 독립적으로 운용하는 전략을 의미한다. 예를 들어 보험사의 경우 설계사, 대리점, 직급, 은행 등을 활용하는 오프라인채널과 동시에 인터넷이나 스마트폰을 활용하는 온라인채널을 운용하고 있다. 또한 대형마트와 같은 경우도 오프라인 매장이 주된 판매채널이지만 인터넷쇼핑몰도 동시에 운용하고 있다. 다채널전략에서는 대부분 두 유형의 채널이 서로 독립적으로 운용되기 때문에 양 채널의 관계는 협력관계라기보다는 경쟁관계라고 할 수 있다.

4.3 O2O전략

스마트폰이 보편화되고 소비자들의 생활패턴이 변모하면서 온라인채널과 오프라인채널을 상승작용이 가능하도록 결합시키는 서비스가 등장하기 시작했다. 이러한 서비스가 바로 O2O(online to offline)이다. 이 전략하에서는 기본적으로 온라인채널이 오프라인채널을 지원하는 형태로 양 매체의 결합이 이루어진다. O2O서비스는 2010년 무렵부터 세상에 소개되기 시작했고, 우리나라에서는 2015년부터 본격적으로 성장하기 시작해서 지금은 쇼핑은 물론 이사, 부동산, 숙박, 금융, 세차, 세탁 등 우리 생활 깊숙이 자리하고 있다. 현재 우리나라의 O2O서비스는 배달 O2O서비스(배달의 민족, 요기요, 배달통 등), 장소 O2O서비스(야놀자, 여기 어때, 직방, 다방 등), 차량 O2O서비스(카카오택시 등) 등의 세 가지 종류로 나누어질 수 있다. 이처럼 O2O는 제3의 기업이 다수의 오프라인의 영업을 지원하는 형태로 이루어지는 것이 보편적이지만 하나의 기업이 두 개의 채널을 동시에 운영하면서 이루어지는 경우도 있다([글 3-3] 참조).

글 3-3 중국 세탁체인기업의 O2O서비스

중국의 세탁전문업체인 e따이시(e袋洗)는 O2O시장에서 두각을 나타내는 업체 중 하나다. 중국 생활밀착형 O2O업계는 시장 점유율 확보를 위한 치열한 경쟁이 진행 중이지만 제대로 수익을 올리는 업체가 드물다. 이런 상황에서 e따이시는 세탁이라는 틈새시장에 집중해 수익을 올리고 있다. e따이시는 봉지세탁이라는 회사명처럼 봉지당 세탁비를 책정하고 있다. 봉지 하나에 들어가기만 하면 옷 몇 개를 집어넣던 세탁비는 동일하다. 고객이 중국판 카카오톡인 웨이신이나 앱을 통해 세탁을 의뢰하면 세탁물을 방문 수거하고 72시간 이내 세탁이 완료된 옷을 배송한다. 가격은 봉지(33cm×43cm) 하나에 99위안(약 1만 7,000원)이다. 앱에는 와이셔츠 32개, 바지 15개를 넣을 수 있는 부피라고 소개되어 있다. 우리나라 세탁전문업체인 크린토피아와 비슷한데, 방문 수거 및 배송까지 한다고 생각하면 된다. 그런데 가격은 크린토피아의 2분의 1에도 못 미친다. 또한 세탁물을 수거해서 대형 세탁공장에서 일괄 세탁함으로써 비용절감도 실현했다. e따이시에는 특별한 점이 있다. 중국의 다른 O2O기업은 대부분 IT기업이 모바일을 이용해서 전통산업으로 사업을 확장한 경우지만, e따이시는 세탁전문기업이 모바일을 이용해서 O2O 비즈니스 모델을 구축한 경우다. e따이시는 이미 바이두, 텐센트 등으로부터 1억 달러 이상의 투자를 받았으며 10억 달러의 기업가치를 인정받고 있다.

자료 : 정세롬, "2015 중국의 O2O 스타트업, 분야별 Top 5," 2015년 12월 29일, http://platum.kr/archives/52561.

4.4 옴니채널전략

현재는 O2O전략을 넘어서는 옴니채널전략이 점차 세력을 넓혀가고 있다. O+O로 표시되는 옴니채널전략은 고객에게 최선의 체험을 제공하기 위해 온라인채널과 오프라인채널을 융합시키는 전략을 의미한다. 옴니채널은 다채널전략이나 O2O전략과는 달리 온라인채널과 오프라인채널이 서로 독립적이거나 고유의 역할, 적용순서 등이 사전에 정해져 있는 것이 아니라 최선의 고객체험을 제공하기 위해 상황에 적합한 다양한 형태의 결합이 이루어질 수 있는 채널전략을 의미한다. O2O와 옴니채널은 온라인채널과 오프라인채널이 유기적으로 결합된다는 공통점이 있지만, 다음과 같은 측면에서 구별될 수 있다.

- O2O전략이 '상품'과 '판매'를 중심으로 하는 개념인 반면에 옴니채널전략은 구매와 관련된 '고객체험'을 중시하는 개념이다.
- O2O전략이 온라인에서 오프라인으로의 단방향서비스에 의존하는 반면에 옴니채널전략은 양 채널이 '고객체험'을 중심으로 융합되는 것을 의미한다.
- O2O전략이 주로 제3자 기업이 다수의 기업에게 제공하는 서비스의 형태로 이루어지고 있지만, 옴니채널전략은 하나의 기업이 고객에게 최상의 고객체험을 제공하는 형태로 이루어진다.
- O2O전략에서도 정보기술이 중요한 부분을 차지하지만 옴니채널전략의 원활한 운용을 위해서는 빅데이터, 안면인식, 클라우드 컴퓨팅, 인공지능, 사물인터넷(IoT) 등 훨씬 더 정교하고 광범위한 정보기술이 요구된다.

5. 신소매 고객체험의 유형

신소매에 있어서 고객체험의 장은 오프라인 매장이다. 신소매의 도입으로 인한 대표적인 고객체험으로 회원우대서비스, 편리한 결제방식, 오프라인 매장에서도 가능한 전자상거래, 풍부하고 시의적절한 상품 공급, 저렴한 가격, 신속한 배송, 신속한 상품선택, VR/AR의 체험 등을 들 수 있다.

5.1 회원우대서비스

일반적으로 온라인 매장과 오프라인 매장의 중요한 차이점 중의 하나는 '회원'과 관련한 사항이다. 즉, 온라인 매장에서 물건을 구입하기 위해서는 회원으로 등록해야 하는 것이 일반적이지만 오프라인 매장에서는 회원이 아니기 때문에 입장이 안 되거나 물건을 구입할 수 없는 경우는 거의 없다. 오프라인 매장 중에서 엄격한 회원제를 실시하고 있는 매장은 코스트코와 같은 '회원제 창고형 할인매장' 정도가 유일하다. 이러한 면에서 신소매 오프라인 매장은 온라인 매장의 거래방식을 많이 도입하고 있다고 할 수 있다. 즉, 회원이 아니면 입장할 수 없도록 하고 있는 경우도 있고(예 : 아마존 고, 빙고박스, 타오카페), 입장은 허용하더라도 물건을 구매할 수 없는 경우도 있다(예 : 허마시엔셩). 또한 회원 우대가격을 명시적으로 제시하기도 한다.

예를 들어 아마존이 운영하는 오프라인 서점인 '아마존 북스'에서는 '아마존 프라임' 회원은 가격을 할인받지만 일반고객은 정가 그대로 지불해야 한다. 이러한 전략은 고객으로 하여금 회원으로서의 자부심을 느끼게 하는 요소로 작용한다. 회원등록은 주로 해당 매장의 앱(App)을 다운로드받는 과정에서 이루어지며, 이 과정에서 결제 편의성을 위해 모바일결제 수단이나 신용카드와 연계시키도록 하는 경우가 많다.

5.2 편리한 결제방식

신소매 오프라인 매장의 가장 두드러진 특징 중의 하나는 결제방식의 변화이다. 신소매 오프라인 매장에는 대부분 계산원이 없다는 공통점이 있다. 결제방식은 고객 스스로 하는 방식(예 : 허마시엔셩, Eatsa)과 자동결제가 이루어지는 방식(예 : 아마존 고, 타오카페)으로 나누어진다. 고객 스스로 하는 방식은 해당 매장의 앱을 이용해 주문하고 앱과 연계된 모바일결제 수단이나 신용카드로 결제하는 방식이고, 자동결제방식은 매장에 설치된 센서, 안면인식장치 등을 통해 어느 고객이 어떤 상품을 구매하였는지를 인식하여 연계된 결제수단을 통해 자동으로 결제가 이루어질 수 있도록 하는 방식이다. 이러한 결제방식은 계산을 위해 줄을 설 필요가 없는 '끊김이 없는 쇼핑체험'을 제공한다.

5.3 오프라인 매장에서도 가능한 전자상거래

신소매 오프라인 매장에서는 모든 제품을 숫자화하고 있기 때문에 신속하고 정확한 재고관리는 물론 온라인 주문도 손쉽게 이루어질 수 있다. 소비자는 해당 매장의 앱을 이용하여 구매하려는 제품의 QR코드를 읽은 후 곧바로 주문을 할 수 있으며, 주문한 상품을 정해진 시간 내에 지정한 장소에서 수령할 수 있다. 이는 온라인 상점에서의 주문과정을 그대로 오프라인 매장으로 옮겨 놓은 것이지만 온라인 상점에서와는 달리 제품을 직접 체험한 후에 구매할 수 있다는 이점이 있다.

5.4 풍부하고 시의적절한 상품 공급

고객들이 누릴 수 있는 가장 평범하지만 가장 중요한 고객체험은 자신이 거주하는 지역에 위치한 오프라인 매장에서 자신이 원하는 상품을 자신이 원할 때 구매하는 것이다. 따라서 업체들이 신소매를 전개함에 있어서 가장 기본적이면서도 중요하게 생각하여야 하는 덕목은 수요와 공급을 최대한 일치시킬 수 있는 공급망관리시스템을 구축함으로써 재고비용을 절감하는 것은 물론, 고객이 원하는 물건을 제때 살 수 있도록 만들어주는 것이다. 이를 위해서는 일정 지역의 수요를 품목별로 예측하여 해당 지역의 오프라인 매장에 미리 상품을 공급하는 것이 가장 효율적으로 사용될 수 있는 방법이다. 이를 구체화시키기 위해서는 기계학습을 활용한 빅데이터 분석, 클라우드 컴퓨팅, 첨단 물류센터, 신속한 배송시스템 등이 갖춰져야 한다.

5.5 저렴한 가격

많은 신소매 매장에는 계산원이 없기 때문에 인건비를 절약할 수 있는 이점이 있다. 이는 상품가격 인하로 이어져 고객에게 가성비가 뛰어난 상품을 구매할 수 있는 기분 좋은 체험을 제공할 수 있다. 또한 알리바바의 링쇼통이 운영하는 신소매 편의점인 티엔마오샤오디엔(天猫小店)은 '무인'은 아니지만 온라인 B2C 매장인 티몰에서와 동일한 가격으로 물건을 구입할 수 있도록 함으로써 가격적인 혜택을 누릴 수 있도록 하고 있다.

글 3-4 신소매와 저렴한 가격

미국 샌프란시스코에 위치한 잇사(Eatsa)는 샐러드 등의 간단한 패스트푸드를 판매하는 레스토랑이다. 그런데 이 레스토랑 매장에는 종업원이 없다. 매장에 들어온 손님이 비치된 아이패드를 이용하여 음식을 선택하고 신용카드로 결제하면 주문과 결제가 모두 끝난다. 주문한 음식은 알람이 울리기를 기다렸다가 벽 쪽에 설치된 음식 보관함에서 찾아가면 된다. 보관함을 여는 유리문에 주문한 손님의 이름이 나타나기 때문에 손님은 편하게 자신이 주문한 음식을 찾아갈 수 있다. 보관함 벽 뒤에는 주방에서 종업원들이 음식을 준비하고 있지만, 손님들과의 접촉은 전혀 없다. 손님이 음식을 주문하고 찾는 데 걸리는 시간은 약 2분 정도이고, 이 매장은 매분 약 6~7인의 주문을 처리할 수 있다. 이러한 방법으로 인건비를 낮추고 고객회전율을 높임으로써 저렴한 가격에 음식을 제공할 수 있게 되었다.

자료 : 허핑턴포스트코리아, "미국의 와우바오가 잇사의 무인 레스토랑 시스템을 적용하기로 했다," 2017년 11월 21일.
人人都是产品经理, "2017新零售用户体验观察," 2018年 2月 16日。

5.6 신속한 배송

신속하고 정확한 배송은 신소매에서만 누릴 수 있는 고객체험은 아니지만 신소매를 주도하는 업체들이 가장 내세우는 신소매 혜택 중 하나이다. 전품목 24시간 배송, 3km 이내 거리 30분 이내 배송, 농촌 및 섬지역 배송 등이 바로 이들 업체들이 자랑하는 물류관련 고객체험이다. 이를 가능하게 만드는 물류시스템, 배송시스템 등을 구축하기 위해 자동화 물류센터의 건설과 같은 인프라투자는 물론, 인공지능, 클라우드 컴퓨팅, 빅데이터, IoT 등과 같은 물류의 선진화에 도움을 줄 수 있는 온라인기술의 개발에 많은 노력을 기울이고 있다.

5.7 신속한 상품선택

신소매 매장의 혜택은 고객들이 오프라인 매장에서 신속하게 상품을 선택을 할 수 있는 방향으로도 이루어지고 있다. 중국 최대의 B2C 전자상거래업체인 티엔마오(天猫)와 중국 최대의 체인화기업인 수닝(苏宁)은 제휴를 맺고 수닝의 오프라인 매장 입구에 티엔마오의 빅데이터가 제공하는 베스트셀러 리스트와 구매자들의 사용후기를 전시해 놓고 있다. 수닝은 2018년 3월 현재 중국의 297개 도시에 1,499개의 매장이 있다. 빠른 속도로 신제품이 나오는 디지털 가전 분야에 관심이 있는 소비자는 신제품의 판매실적과 구매자들의 사용후기를 보고 싶어하는데 바로 이러한 점에 착안한 것이라고 할 수 있다. 이를 이용하는 고객은 진열대에서 물건을 고르는 수고를 덜 수 있어서 구매에 걸리는 시간을 크게 단축시킬 수 있다. 알리바바가 도입한 자동차 자판기도 소비자의 선택을 도와주는 역할을 수행하고 있다. 소비자는 간단한 절차를 거쳐 다양한 차종을 시승해봄으로써 자신에게 맞는 자동차를 신속하게 구입할 수 있다([글 3-5] 참조).

글 3-5 알리바바의 자동차 자판기

알리바바는 고객의 차량 구매과정에서 체험에 초점을 둔 디지털 유통 모델을 도입, 자동차 유통에서도 거대한 '신소매(新零售) 제국'을 구축해 유통 영토를 확장할 전망이다. 이번에 선보인 알리바바의 자동차 자판기는 상하이 시내 쇼핑몰에 위치한 대형 디스플레이 형식의 기기이다. 차량시승을 원하는 고객은 타오바오몰에서 '슈퍼시승(超級試駕)'에 접속한 후 사전에 '테스트 드라이브'를 예약해야 한다. 그 후 지정된 시간에 자동차 자판기 매장을 방문, 자판기 모니터에서 얼굴 인식을 통해 신분을 확인한 후 예약한 차량 모델의 키와 차량 픽업 주소를 수령하면 된다. 최대 3일간 시운전이 가능하며 추후 온 · 오프라인 매장에서 차량 구입을 할 수 있다. 또 고객당 2개월 내 최대 5개 차종을 시승할 수 있다. 전통 유통채널에 비해 알리바바의 자동차 자판기는 고객선택의 폭을 확대시킨 점도 경쟁력으로 꼽힌다. 현재 자판기에서 선택 가능한 브랜드는 아우디, BMW, 마쯔다, 닛산, 뷰익, 포드, 혼다 등 한 매장에서 10개가 넘는 브랜드의 차량 모델을 시승할 수 있다. 그동안 자동차 구매를 원하는 고객들은 교외에 위치한 고작 2~3개 브랜드의 4S매장(4S店)을 방문해 번거로운 서류작업을 거쳐야 했다. 알리바바는 향후 1년 안에 중국 전역에 걸쳐 수십 개의 자동차 자판기 매장을 구축해 자동차 유통 분야에서도 '신흥 강자'로 부상한다는 계획이다.

자료 : 뉴스핌, "알리바바 자동차 유통에서도 '신소매 제국' 야심," 2017년 12월 17일.

5.8 VR/AR의 체험

가상현실(virtual reality : VR)은 "실제로는 존재하지 않지만 컴퓨터기술로 사용자의 시각, 청각, 촉각 등을 자극함으로써 실제로 있는 것처럼 느끼게 만든 가상적인 현실, 혹은 그 기술"을 의미한다. 또한 증강현실(augmented reality : AR)은 "사용자가 눈으로 보는 현실세계의 이미지나 배경에 3차원의 가상 이미지를 겹쳐서 하나의 영상으로 보여주는 기술"이다. 즉, VR에서는 모든 것이 가상의 이미지이지만, AR에서는 현실 이미지와 가상 이미지가 겹쳐서 나타난다.

VR/AR은 고객체험과 관련하여 혁신적인 변화를 가져오고 있다. VR/AR은 최근에 개발된 기술은 아니지만, 최근 들어 그 발전속도가 매우 빨라지고 있으며, 특히 아마존, 알라바바, 징동 등 거대 전자상거래업체들이 VR/AR을 이용한 구매방식을 활성화시키기 위해 적극적으로 연구 및 투자활동을 전개하고 있다([글 3-6] 참조). 이는 전자상거래가 시간과 공간의 제약을 해소시킬 수 있다는 장점에도 불구하고 직접적인 체험을 할 수 없다는 단점을 지니고 있는데 VR/AR은 이러한 단점을 상당부분 해소시켜줄 수 있는 좋은 대안이기 때문이다. VR/AR은 고객체험을 중시하는 신소매 분야에서도 매우 중요한 역할을 수행한다.

글 3-6 알리바바와 VR

중국 최대 전자상거래업체 알리바바가 '가상현실(VR) 쇼핑몰'에 집중하고 있다. 최근 알리바바는 "VR을 통해 새로운 온라인 쇼핑문화를 조성할 것이다"고 밝히며, 여러 부문에서 VR 콘텐츠 생산에도 박차를 가하고 있다. 지난해 VR 쇼핑몰을 위해 가상현실 실험실을 출범한 알리바바는 VR 쇼핑 비즈니스 모델 개발, VR 하드웨어 보급 촉진 등을 사업 목표로 내걸고 VR 개발을 본격화할 계획을 세웠다. 또한 '바이플러스(Buy+)'를 공개하면서 VR결제를 선보인 바 있다. 현재 알리바바가 추진중인 VR 쇼핑몰은 VR 헤드셋을 끼고 시 · 공간을 자유롭게 넘나들며, 집에서 손쉽게 쇼핑을 즐길 수 있다. 이에 중국의 한 매체는 "VR시장은 2025년까지 130조 원으로 확대될 것으로 예상되며, 알리바바는 이를 잡기 위해 최상의 노력을 하고 있다"고 보도했다.

자료 : 시사포커스, "미래 쇼핑은 가상현실로? VR쇼핑몰에 매달리는 '알리바바'," 2017년 4월 11일.

5.8.1 VR의 체험

VR이 적용될 수 있는 대표적인 상품으로 의류, 가구 등을 들 수 있다. 의류 판매업체는 자사가 제공하는 온라인 디자인 플랫폼에서 고객 스스로 선택한 옷을 자신과 동일한 체격을 갖춘 마네킹에게 입혀보는 체험을 하도록 할 수 있다. 이를 통해 고객은 시착을 위해 피팅룸 앞에서 줄을 설 필요 없이 다양한 디자인, 색상 등의 옷을 짧은 시간에 체험해봄으로써 자신의 체형, 취향에 부합하는 옷을 선택할 수 있다. 또한 판매업체는 고객의 반품이 줄어들기 때문에 비용을 줄일 수 있고, 시착과 관련한 시간을 줄임으로써 영업의 효율성을 제고시킬 수 있다. 또한 의류 제조업체가 판매까지 겸하고 있는 경우라면 고객으로 하여금 VR을 활용하여 주문하게 하고, 고객의 주문 내용을 자동으로 생산과정에 연계시켜 고객의 주문대로 생산하는 대량맞춤(mass customization)을 실현시킬 수 있다. 이렇게 하면 고객에게 최선의 고객체험을 제공할 수 있음은 물론, 판매가 먼저 이루어진 후 생산에 들어가기 때문에 효율적인 생산 및 재고관리를 도모할 수 있다.

신소매 부문에서 경쟁관계에 있는 알리바바와 텐센트가 남성복 SPA 브랜드로 중국 전역에 약 5천 개의 매장을 보유하고 있는 하이란즈자(海澜之家)를 놓고 서로 경쟁적으로 투자를 하려던 것도 의류가 고객에게 온라인기술을 활용하여 가상현실 체험을 제공할 수 있는 가장 적합한 업종 중의 하나라는 점이 크게 작용하였을 것으로 판단된다.

VR이 가구점에 적용된 대표적인 사례로는 알리바바가 운영하는 온오프통합 가구점인 홈타임즈(HomeTimes-家时代)를 들 수 있다. 홈타임즈의 매장은 공간이 침실, 객실, 화장실 등과 같이 테마별로 나누어져 있어서 고객은 각 테마에 어울리는 인테리어를 경험할 수 있다. 이러한 점은 이케아 등과 같은 다른 가구점의 매장에서도 제공되고 있기 때문에 그다지 특별할 것은 없다. 이 매장의 두드러진 특징은 매장에 설치된 대형스크린을 통해서 각 테마별로 매장이 보유하고 있는 각종 가구들을 배치해서 볼 수 있다는 점이다. 공간 부족으로 전시되어 있지 않은 제품들도 가상공간인 클라우드 진열대에서 찾아서 불러들일 수 있다. 고객은 이러한 가상현실(VR)기술을 이용하여 가구를 구입하였을 경우의 진열상태를 생생하게 체험할 수 있다.

5.8.2 AR의 체험

고객들은 AR을 이용하면 현재의 상황이 제품을 구매한 후에는 어떻게 바뀔 수 있는지를 미리 확인한 후 상품을 구매할 수 있다. 많은 상품 가운데 특히 가구는 AR이 매우 유용하게 사용될 수 있는 분야로 꼽히고 있다([글 3-7] 참조). 왜냐하면 구매한 가구를 실제로 집안에 배치하였을 때의 모습이 구매 전에 상상했던 모습과는 달리 실망스러운 경우에 가구를 교체하려면 많은 불편함과 추가적인 비용부담을 감수해야 하기 때문이다. 고객은 AR을 활용하여 사전에 구입하려는 가구가 집안의 구조나 분위기에 잘 어울리는지를 미리 확인할 수 있기 때문에 이러한 곤혹스러운 상황을 미연에 방지할 수 있다. 오프라인 가구상의 입장에서도 AR의 활성화는 매우 바람직하다. 왜냐하면 우선 고객의 반품 가능성을 획기적으로 줄일 수 있고, 많은 재고를 매장에 가져다 놓을 필요가 적어져서 재고관련 비용을 줄일 수 있기 때문

글 3-7 맞춤형 가구회사인 소피아가구가 제공하는 AR 체험

소피아가구(索菲亚家居)는 2003년에 창립된 맞춤형 가구 전문회사로 2017년 말을 기준으로 3,000여 개의 점포를 가지고 있으며, 종업원도 2만 명을 넘고 있다. 현재 중국의 대형 가구점들은 전통적인 판매방식에 대한 소비자들의 선호도가 감소하면서 고객이 줄어드는 현상을 경험하고 있으며, 이에 따라 새로운 판매방식의 개발 필요성을 절감하고 있다. 이러한 상황에서 소피아가구는 기존의 알리바바와의 협력관계를 더욱 강화하면서 신소매전략을 적극 추진하고 있다. 이를 위해 소피아는 2,000개의 매장을 온라인의 티엔마오와 오프라인의 소피아를 결합한 온오프 통합매장으로 전환하였다. 이 회사의 가장 특징적인 신소매전략은 'DIY Home 디자인앱'과 'AR 체험'을 통해 고객으로 하여금 자신이 원하는 가구를 정확하게 선정할 수 있도록 하고 있다는 점이다. 이를 위해 이 회사는 빅데이터기술을 이용하여 수만 가지 유형의 침실 및 거실 데이터를 구축하고 이를 바탕으로 고객들이 자유롭게 다양한 가구들을 조합해 볼 수 있도록 하고 있다. 즉, 고객이 'DIY Home 디자인앱'을 이용하여 자신이 원하는 분위기의 창출을 위해 가구의 디자인, 공간배치, 액세서리의 선택 등을 시뮬레이션해볼 수 있도록 하고 있으며, 증강현실(AR)기술을 이용하여 자신이 설계하고 선택한 가구가 실제로 배치된 이후에 어떤 분위기가 조성될 수 있는지를 느껴볼 수 있도록 하고 있다. 고객의 선택이 이루어지고 결제가 끝나면 고객이 선택한 가구의 정보는 전국의 5개 지역에 위치한 생산기지로 전달되어서 가구 제작이 진행된다. 제작이 완료되고 고객에게 가구가 배송되면 소피아가구의 직원들이 방문하여 가구배치서비스를 제공한다. 소피아가구는 현재 중국에서 맞춤형 가구업계에서 선두를 달리고 있다.

자료 : 이맹맹, "중국 오프라인 매장 '신유통' 열풍," KOTRA 해외시장뉴스, 2017년 12월 1일.
新浪家居, "索菲亚、阿里巴巴…这些都搞起了"新零售"," 2018年 4月 10日。

이다.

알리바바가 2018년 2월 중국 제2위의 오프라인 가구상인 쥐란즈자(居然之家)에 대규모 투자를 단행하여 주식을 확보한 것도 자사가 보유하고 있는 AR을 포함한 다양한 온라인기술들이 쥐란즈자의 사업 활성화에 기여할 수 있다고 판단하였기 때문이다. 알리바바의 티엔마오는 중국 최대의 인테리어자재 플랫폼을 운영하고 있는데 이미 여기에서 'AR-GO'라는 명칭의 AR기능을 제공하고 있다. 쥐란즈자는 2022년 이전에 온라인과 오프라인의 융합을 완전히 이루고, 오프라인 매장의 수 600개, 매출규모 1,000억 위안(약 17조 원)을 달성하려는 계획을 가지고 있다. 알리바바는 가구점뿐만 아니라 유명한 커피전문점 체인인 스타벅스에도 AR기술을 적용하여 큰 주목을 받고 있다([글 3-8] 참조).

글 3-8 커피전문점 스타벅스가 제공하는 AR 체험

스타벅스는 2017년 12월 알리바바의 빅데이터 및 인터넷기술을 바탕으로 상해에 스타벅스 스마트매장을 개점하였다. 이 매장은 2층으로 이루어져 있으며 건축면적이 2,700m²에 이르고, 무려 400여 명의 직원이 근무하고 있다. 이 매장은 스타벅스의 46년 역사상 최대의 투자 사례로 기록되고 있다. 커피전문점의 매장규모가 상상을 불허할 만큼 크다는 특징도 있지만 신소매의 관점에서 이 매장의 가장 큰 특징은 고객들에게 AR기술을 이용하여 온라인과 오프라인이 자연스럽게 연계되는 고객체험을 제공하고 있다는 점이다. 이 매장에서 채용되고 있는 AR기술은 알리바바의 인공지능 실험실에서 개발된 것이다. 즉, 스타벅스 매장 중에 규모가 가장 큰 이 매장은 커피의 진면목을 보여주는 무대인 동시에 신소매기술을 과시하는 공연장이기도 하다.

고객이 타오바오앱을 이용하여 매장 내의 어느 시설이든 스캔을 한 후 AR기능을 선택하면 스마트폰 화면상에 그 시설에 대한 정보를 볼 수 있음은 물론, 커피가 만들어지는 과정에서 그 시설이 어떠한 역할을 하고 있는지도 시각적으로 볼 수 있다. 또한 AR기능을 활용하여 커피 원두가 향기로운 한 잔의 커피로 변화하는 다음과 같은 전과정을 애니메이션의 형태로 볼 수도 있다 : "커피원두가 저장고에서 로스팅 장소로 옮겨지고, 로스팅과정이 끝난 뒤 냉각기로 보내진다. 그런 후 매장의 심장부에 해당하는 거대한 용기로 옮겨진 후, 여기에서 8일 동안 저장되면 커피의 맛은 최상의 상태가 된다. 그런 후 파이프를 통해서 매장에 비치된 여러 개의 커피바로 옮겨진다." 이 매장에서는 온라인 구매도 가능하다. 즉, 티엔마오의 스타벅스 공식 플래그십 스토어에서 주문도 하고 배송 서비스도 받을 수 있다. 이 매장은 또 알리바바의 지푸바오(支付宝)와의 합작을 바탕으로 '구경하며 기다리기(边逛边等)' 서비스를 제공하고 있다. 즉, 고객은 알리페이를 이용해 결제한 뒤, AR기능을 이용하여 커피가 어떻게 만들어지는지를 구경하고 있으면 지푸바오앱이 커피가 다 만들어졌으니 찾아가라는 신호를 보내오고 그때 커피를 찾아가면 된다. 지루하게 기다릴 필요가 없어진 셈이다. 중국 전역에 3,000여 개의 스타벅스 매장이 있다는 점을 감안하면 이 매장에 장착된 다양한 기술들이 앞으로 확대 적용될 가능성은 매우 높다. 또한 더 나아가 이 기술들은 오프라인의 다양한 업종과 업태에도 적용될 수 있을 것으로 기대되고 있다.

자료 : 阿里巴巴集团, "品嚐咖啡新體驗 星巴克與阿里打造全球最大新零售「智慧門店」," 블로그, 2017년 12월.
新浪科技, "星巴克和阿里巴巴为全球最大新零售智慧门店揭幕," 2017年 12月 8日。
浙江新闻, "星巴克携手阿里巴巴在你的咖啡里加入了"新零售"," 2017年 12月 5日。

사례 신소매 유통매장의 고객체험 사례

Ⅰ 홍투Brookstone

Brookstone은 1973년에 설립된 미국의 전문점 체인으로 신기하고 독특한 기능과 디자인의 소비재를 판매하는 것으로 유명하다. 이 회사는 200여 개의 발명 특허를 가지고 있으며, 300여 개의 점포를 운영하면서 많은 매니아 고객층을 확보하고 있다. 이 회사는 2000년대 들어 운영상의 어려움을 겪으면서 2014년에 중국의 산바오그룹(三胞集团)에 의해 인수되었으며, 산바오그룹의 자회사인 홍투산바오(宏图三胞)가 Brookstone의 상품공급망을 인수하면서 '宏图Brookstone'으로 개명하였다. 宏图Brookstone은 2018년 3월을 기준으로 중국에 약 100개 매장을 가지고 있으며, 2018년 3월에 불과 15일 동안 47개의 점포를 개설할 정도로 빠르게 성장하고 있다. 매장의 면적은 약 600m^{2}이고 주중의 고객수는 4,500~5,000명, 주말에는 7,000~9,000명이며, 고객 중 80년 및 90년 이후 출생자가 82%에 달한다.

이 회사의 전략은 스마트생활용품, 마사지의자, 지능계발 장난감, 지능의류, 지능시계, 원격조종 헬리콥터/드론, 로봇, 베개, 담요 등 새롭고/신기하고/특별한 상품(新奇特产品)과 고객체험으로 요약될 수 있다. 이를 구현하기 위해 이 회사는 고객으로 하여금 "즐기고-구매하고-퍼뜨리도록 하자"는 모토를 내세우고 있다. 즉, 고객들이 체험을 통해 즐길 수 있는 매장환경을 조성하면 자연스럽게 구매로 이어질 수 있고, 만족한 고객들은 자신의 경험을 주변의 사람들과 공유하는 것으로 연결된다는 것이다. 실제로 이 회사의 매장에서 구매한 고객들 중 42%가 자신의 경험을 주변사람들과 공유했다. 이 회사에서 판매하는 제품들 중 대부분은 회사에서 직접 디자인을 한 것이며, 회사의 브랜드를 붙여 판매된다.

이 회사는 매장을 단순히 물건을 파는 장소가 아니라 상품을 통해 즐거움을 느낄 수 있는 스마트매장(智慧门店)으로 변신시키는 데 주력하고 있다. 고객들은 물건을 사기 전에 매장에서 얼마든지 상품을 가지고 놀 수 있다. 매장의 가판대는 모두 이동식으로 되어 있어서 고객의 수요에 따라 상품 진열을 쉽게 조정할 수 있도록 되어 있다. 소비자가 매장에 들어가서 매장의 앱을 통해 상품의 QR코드를 스캔하면 상품, 실연 동영상, 할인 등에 대한 정보를 얻을 수 있을 뿐만 아니라 온라인 구매도 할 수 있고 배송서비스도 받을 수 있다. 이 회사는 특히 시장잠재력이 큰 교육훈련 분야에 많은 관심을 가지고 있다. 이 분야에서의 사업확대를 위해 다양한 신치터(新奇特 ; 새롭고, 신기하고, 특별한) 상품을 확보하고 있음은 물론, 상품과 커리큘럼 체험공간을 설치하여 고객들에게 인공지능을 이용한 교육과정 체험을 제공하고 있다.

이 회사는 새롭고 특별한 것을 추구하는 고객들 간의 교류를 활성화시키고, 공통 관심사를 중심으로 그룹을 묶어주는 일을 하기도 한다. 이를 위해 이 회사는 자사의 앱을 통해 고객들이 자신의 아이디어를 공유할 수 있도록 하고 있다. 즉, 고객들이 회사의 앱을 이용하여 사용자생성콘텐츠(UGC)를 개발할 수 있도록 해주고, 홍커숴(红客说)라는 프로그램을 통해 자신의 상품 개발과 관련한 이야기를 다른 고객들과 공유할 수 있도록 하고 있다. 또한 모든 매장 직원들이 엔지니어로서의 전문적인 서비스를 제공하도록 하고 있다. 대부분의 점원은 90년대생 대학 졸업자들로 정식 직원이 되기 전에 엔지니어가 되기 위한 교육과정을 통과하여야 한다. 엔지니어는 사후서비스과정에 투입되는 것이 일반적이지만 이 회사에서는 엔지니어가 매장의 전면에 나서고 있다. 엔지니어는 매장에서 기술적인 설명을 해줌으로써 소비자의 상품에 대한 관심을 높여주고, 이를 바탕으로 구매량을 증가시키는 역할을 한다.

2 왕이얜슈엔

왕이얜슈엔(网易严选)은 중국 4대 검색포탈회사 중 하나이자 이메일(163.com), 온라인게임 등으로 유명한 왕이(网易)가 2016년 4월에 오픈한 인터넷 쇼핑몰이다. 얜슈엔(严选)은 '엄격하게 선별한다'는 의미이며, 따라서 이 회사는 큐레이션커머스를 지향하고 있는 B2C 전자상거래업체임을 알 수 있다. 여기에서 판매되는 상품은 의류, 잡화, 액세서리, 침구, 가구, 애견용품, 주방용품, 가전, 미용용품, 욕실용품, 사무용품, 육아용품, 과자, 식품 등 매우 다양하다. 이 회사는 ODM(Original Design Manufacturer ; 제조업체 개발생산)방식으로 상품을 조달하여 판매한다. 그런데 특이한 점은 홍보과정에서 자사에 상품을 공급하는 제조업체들이 나이키, 아디다스, 샘소나이트, 랄프로렌, 구찌 등 유명 브랜드의 제품을 만들어 공급하는 제조업체라는 점을 적극 강조한다. 즉, 유명 브랜드 제품의 품질을 갖춘 상품을 판매하면서도 유명 브랜드에 대한 프리미엄을 지불할 필요도 없고, 중간상에게 지불하는 비용도 없기 때문에 소비자들에게 가성비가 뛰어난 제품을 공급할 수 있다는 점을 강조하고 있다. 이에 발맞춰 회사의 슬로건도 '즐거운 생활, 큰 돈 들이지 말고 즐기세요(好的生活, 没那么贵)'이다. 또한 품질관리, 물류, 판매, 사후서비스, 반품 등 생산에서 판매에 이르는 모든 과정을 왕이얜슈엔이 직접 관리한다. 이러한 전략은 대중들의 큰 인기를 끌면서 오픈 5개월 만에 3,000만 명이 회원으로 등록했다.

이 전자상거래업체는 2017년에 들어 오프라인 진출을 빠른 속도로 추진하고 있다. 그 예로 오프라인 몰에서의 팝업스토어 개설, 테마공간의 개설 등을 들 수 있는데, 그 중 가장 대표적인 움직임은 2017년 8월에 중국 96개 도시에서 120개의 호텔을 운영하고 있는 야두오호텔(亚朵酒店)과 공동으로 야두오왕이얜슈엔호텔(亚朵 · 网易严选酒店)을 건립한 것이다. 이 호텔에서 사용되는 물건들은 모두 왕이얜슈엔에서 판매되고 있는 상품들이다. 즉, 호텔 자체가 왕이얜슈엔의 거대한 오프라인 전시장으로, 소비자들에게 여유를 가지고 상품의 특징과 장점을 체험할 수 있는 기회를 제공하고 있다. 이 사업을 통해 이 업체는 "당신이 사용한 모든 물건은 바로 구매할 수 있다(所用即所购)"는 것을 최초로 실현한 업체로 기록되었으며, 동시에 숙박업에서 신소매를 구현한 대표작으로 꼽히고 있다.

3 산지송슈토우쉬디엔

2012년에 설립된 산지송슈(三只松鼠 : '세 마리의 다람쥐'라는 뜻)는 주로 견과류, 말린 과일, 찻잎 등과 같은 간식 거리를 판매하는 전자상거래업체이다. 2016년의 매출액은 55억 위안(약 9,350억 원), 종업원수는 3,000여 명으로 중국에서 식품관련 전자상거래기업 중 가장 규모가 크다. 이 회사는 2016년 9월에 산지송슈토우쉬디엔(三只松鼠投食店)이라는 이름의 오프라인 매장을 개점하였다. 토우쉬(投食)는 "자신이나 혹은 자신과 가장 친밀한 사람에게 음식물을 제공한다"는 의미를 가지고 있다. 따라서 산지송슈토우쉬디엔이라는 이름은 다람쥐가 소중한 고객들에게 음식물을 제공하는 장소로 풀이될 수 있다. 이의 일환으로 이 매장에서는 모든 직원들이 유니폼을 입고, 유니폼 허리 부분의 주머니에 시식품과 장난감을 채워 고객들에게 나눠주기도 하고, 음악회, 코스프레, 댄스 배틀 등 다양한 행사를 진행하기도 한다. 이 오프라인 점포는 개업 직후 1개월 동안의 판매액이 240만 위안(약 4억 원)에 이를 정도로 큰 성공을 거두고 있다. 여기에서는 간식 거리도 판매하지만 밀크티, 커피, 케익 등 간단한 음식을 먹을 수 있는 '水+轻食'라고 불리는 휴식공간도 운영하고 있다.

이 오프라인 매장의 가장 큰 특징은 알리바바와의 합작을 통해 세계 최초로 고객의 감정에 기초한 소매방식인 감지소매(感知零售)를 도입하였다는 점이다. 즉, 이 매장은 고객의 감정을 파악하여 가격을 설정하는 기술을 개발하여 적용하고 있다. 손님이 매장에 들어오면 빅데이터시스템이 매장의 감응장치를 작동시키고, 동시에 회원(카드)시스템도 작동된다. 손님이 가판대에 다가서면 백오피스시스템이 가판대에 설치되어 있는 감응장치를 통해 손님의 기분, 손짓, 회원등급 등을 인지하고, 그 손님에게 적용되는 가격이 자동으로 제시된다. 또한 어떤 고객이 최근에 몇 차례 왔는데 올 때마다 기분이 좋지 않았다는 것이 감지되면 다람쥐 인형이 다가가서 고객을 꼭 안아주기도 하고, 심지어 선물을 주기도 한다. 통상적으로 소매 매장에서의 판촉활동은 사전에 수립된 계획에 따라 진행되지만 인공지능을 활용하여 고객의 정서를 감지할 수 있게 되면 단 몇 초 만에 그 고객을 대상으로 어떠한 판촉활동을 실행에 옮길 것인지를 결정할 수 있게 된다. 즉, 인공지능이 파악한 고객의 정서가 의사결정의 근거가 된다. 고객은 감정을 가지고 있는 존재이기 때문에 이러한 감정을 잘 파악할 수 있다면 고객에게 더욱 훌륭한 고객체험을 제공할 수 있다.

산지송슈는 토우쉬디엔을 개점한 목적이 판매액을 늘리려는 것이 아니라 고객에게 자사의 이미지를 각인시키는 데 있다는 점을 강조한다. 이로 인해 오프라인 매장의 개설은 온라인상에서의 판매를 감소시키는 것이 아니라 증가시킬 것이라고 단언한다. 이러한 확신의 이면에는 감지소매를 통해 제공하는 고객체험이 큰 역할을 하고 있다. 그래서 산지송슈는 최선의 고객체험을 제공하기 위해 인공지능을 활용하여 쇼핑을 하는 고객의 감정상태가 어떠한지를 파악하는 데 많은 노력을 기울이고 있다.

참고문헌

뉴시스, "중국은 지금 '편의점 혁명' 중… 신소매 열풍," 2017년 6월 18일.

이투데이, "전통 소매업체가 살아남는 비법… "매장으로 돌아가라"," 2017년 12월 8일.

중국 우한무역관, "2017년 중국 오프라인 소비시장의 눈부신 비약," 2017년 5월 16일.

중앙시사매거진, "[급성장하는 중국 8대 O2O 기업] 시장 선점 위해 BAT(바이두 · 알리바바 · 텐센트) 총출동," 2017년 3월 6일.

중앙일보, "빅데이터 · AI 활용한 미래형 서점 '아마존 북스'는," 2017년 5월 27일.

한국무역신문, "대륙의 신유통 쑥쑥 키운 '신소비'," 2017년 9월 27일.

허핑턴포스트코리아, "미국의 와우바오가 잇사의 무인 레스토랑 시스템을 적용하기로 했다," 2017년 11월 21일.

헤럴드경제, "'고객체험관리' 강화하는 에이스침대," 2018년 3월 26일.

AhnLab, "쇼핑도 숙박도 이젠 앱으로, O2O 전성시대," 2017년 11월 15일, http://www.ahnlab.com/kr/site/securityinfo/secunews/secuNewsView.do?seq=26959.

ONEASIA, "알리바바, '가구 · 인테리어' 신유통 생태계 만든다," 2017년 9월 22일.

Rigby, Dan(2011), "The Future of Shopping," *Harvard Business Review*, 89(12), 65–76.

阿里巴巴集团, "品嚐咖啡新體驗 星巴克與阿里打造全球最大新零售「智慧門店」," 블로그, 2017년 12월.

百家号, "15天47家门店, 新奇乐独角兽宏图Brookstone势如破竹!," 2018年 3月 28日。

百家号, “三只松鼠再曝黑科技：根据顾客心情定价, 经销商还有活路吗？,” 2017年 12月 27日。

百家号, “哈佛商业评论：网易严选是新零售TOP10,” 2017年 8月 16日。

蔡妍妍, “阿里的“新零售”进军家居领域 HOMETIMES家时代新玩法,” 赢商网, 2018年 3月 12日。

电子商务研究中心, “三只松鼠要开新的黑科技店 商品定价看顾客心情,” 2017年12月21日。

海商, "‘新零售’与‘O2O’之间的区别是什么？,” 2017年 11月 23日。

人人都是产品经理, “2017新零售用户体验观察,” 2018年 2月 16日。

人人都是产品经理, “四大新零售的场景革命：更新、更酷、更高效,” 2017年 9月 30日。

商界, “新住宿遇上新零售 亚朵网易严选酒店8月8日开幕,” 2017年 8月 8日。

新浪看点, “从PC专业连锁到新奇乐独角兽, 看“新零售”宏图Brookstone 的大变身！,” 2018年 3月 18日。

新浪科技, “星巴克和阿里巴巴为全球最大新零售智慧门店揭幕,” 2017年 12月 8日。

搜狐, “从“网易严选”看电商“ODM”模式,” 2017年 7月 19日。

搜狐财经, “重新定义“新零售” 宏图Brookstone的中国棋局,” 2017年 4月 1日。

赢商网, “超级物种、投食店…解析“零售+餐饮”的几种打法,” 2017年 2月 6日。

亿欧智库(2018), 新零售的概念, 模式和案例研究报告。

浙江新闻, “星巴克携手阿里巴巴在你的咖啡里加入了“新零售”,” 2017年 12月 5日。

中国经济网, “三只松鼠应用黑科技开启“感知零售”时代,” 2017年 12月 20日。

周永庆, 吴礼勇(2017), 新零售 打造商业新生态, 中国铁路出版社, 169–200.

36kr, “天猫携手居然之家打造云装修平台, 家居业全面进入新零售时代,” 2018年 2月 11日。

TechWeb, “联手天猫打造家电3C新零售 苏宁收获八年来最好业绩,” 2018年 3月 2日。

CHAPTER 04

신소매와 CRM

CHAPTER 04

신소매와 CRM

신소매업체들은 온라인과 오프라인에서 수집되는 고객정보를 바탕으로 고객을 유지하고 활성화시키는 CRM활동을 활발히 전개하고 있다. 이 장에서는 먼저 CRM의 개념, 배경, 실행 프로세스 등에 대해 기술한 후, 신소매업체의 CRM활동에 대해 기술한다.

1. CRM 개관

1.1 CRM의 개념

CRM(Customer Relationship Management ; 고객관계관리)은 "고객정보를 활용하여 신규고객 확보, 기존고객의 유지, 기존고객 활성화 등의 활동을 전개함으로써 고객자산을 극대화하고자 하는 전사적 경영전략"이라고 정의될 수 있다. 즉, CRM은 단순히 전산시스템을 의미하는 것이 아니라 고객정보를 활용하여 회사의 경쟁력을 강화시키려는 전사적인 전략으로서의 의미를 지니고 있다. 또한 CRM에서는 신규고객과 기존고객이 모두 활동의 대상이 되지만 신규고객보다는 기존고객을 유지하고 활성화시키는 데 훨씬 더 많은 관심을 두고 있다. 고객정보는 데이터베이스에 저장되며, 고객정보가 저장되어 있는 데이터베이스는 고객DB(고객데이터베이스)라고 불린다. 고객DB에는 고객의 인구통계정보, 접촉정보, 거래정보 등이 저장된다. 또한 CRM을 전개하는 과정에서 고객과의 모든 커뮤니케이션은 전화, 이메일, SMS, DM(Direct Mail) 등의 일대일 커뮤니케이션 수단을 통해 이루어진다.

1.2 CRM 태동의 배경 요인

CRM은 1980년 중반에 미국에서 등장하였으며, 우리나라에는 1990년대 중반에 도입되었다. CRM 태동의 배경으로 매우 다양한 요인이 지적될 수 있다([표 4-1] 참조).

| 표 4-1 | CRM 태동의 배경 요인

구분	배경 요인
시장 요인	경쟁의 심화, 시장의 포화, 제품표준화, 대중매체 효율성 감소, 소비자 중심 시장의 형성, 소수 우수고객의 구매비중 증가
고객 요인	고객 다양성의 증가, 고객 로열티의 감소, 시간가치의 상승, 고객의 지식화, 고객기대 수준의 상승
기술 요인	하드웨어의 발전, 소프트웨어의 발전, 인터넷의 확산, 모바일기기의 확산

많은 요인 가운데 가장 근본적인 요인으로 '시장포화와 경쟁심화', '고객파워의 증대', '정보기술의 발전' 등의 세 가지 요인을 들 수 있다([그림 4-1] 참조).

그림 4-1 CRM 태동의 주요 요인

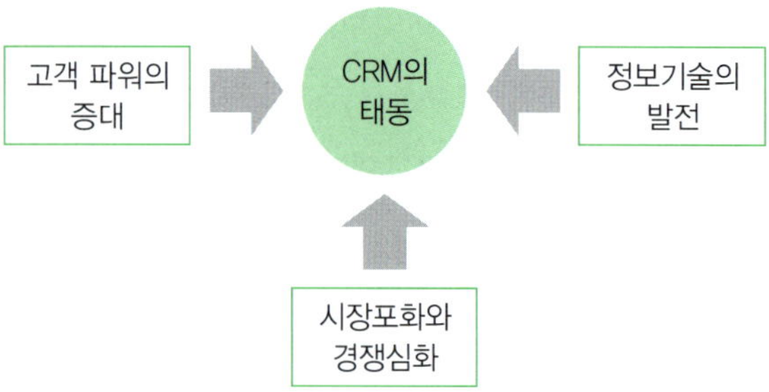

1.2.1 시장포화와 경쟁심화

시장의 포화와 경쟁의 심화는 CRM의 등장을 가져온 가장 중요한 요인이다. 이 두 개의 요인이 모두 성립하여야 CRM은 비로소 기업활동의 전면에 등장할 수 있다. 시장이 포화되면 기업의 신규고객 창출은 주로 경쟁사의 고객을 탈취해오는 형태로 이루어져야 하기 때문에 비용이 많이 소요되고, 이에 따라 기존고객의 유지와 활성화가 마케팅 및 영업활동을 위한 매우 중요한 이슈로 떠오른다. 또한 시장이 포화되었다고 하더라도 경쟁이 거의 존재하지 않은 경우에는 기업은 구태여 비용이 많이 소요되고 번거로운 일대일 커뮤니케이션을 실행할 필요를 느끼지 않는다. 이처럼 시장의 포화와 경쟁의 심화는 마케팅의 패러다임을 바꾸면서 CRM을 등장시킨 가장 강력한 요인이다.

1.2.2 고객 파워의 증가

고객 파워의 증가는 시장포화 및 경쟁심화로 인해 공급자 중심의 시장에서 소비자 중심의 시장으로 전환되면서 나타난 현상이다. 그런데 고객 파워가 증가하였다는 일반적인 현상보다 더 중요한 사실은 '소수(少數)' 고객들의 파워가 크게 증가하였다는 점이다. 즉, 어느 국가에서든 부유층이 존재하는데, 이들의 매출 및 이익 기여도가 점차 확대되는 경향을 보이고 있다는 점이 CRM의 활성화에 큰 몫을 하고 있다. 20%의 상위 고객이 전체 매출액의 80%를 점한다는 파레토법칙(Pareto's Law)은 소수 고객들의 파워를 웅변하고 있다. 이들 상위 고객의 관리가 기업의 성패에 결정적인 역할을 하기 때문에 이들과의 관계관리가 매우 중요해지고 있다.

1.2.3 정보기술의 발전

데이터웨어하우스, 데이터베이스관리시스템, 데이터마이닝 등 데이터를 수집, 저장, 분석하는 데 필요한 정보기술들은 1980년대 이후 놀라운 속도로 발전하였으며, 이로 인해 과거와는 비교할 수 없을 정도의 싼 비용으로 대용량의 데이터를 처리할 수 있게 되었다. B2C 분야에서 CRM은 어느 국가이든 금융, 통신, 유통 등의 3개 업종에서부터 시작되는 경향을 보이는데, 그 이유는 이 3개 업종에 속한 기업들이 대부분 CRM에 대한 투자를 감당할 수 있을 만큼 큰 규모라는 측면도 있지만, 그보다는 이들 기업들이 대부분 대용량의 고객정보를 이미 보유하고 있었기 때문에 정보기술의 발전으로 인한 혜택을 빨리 볼 수 있었기 때문이다. 또한 인터넷과 휴대용 단말기의 활성화는 eCRM이나 mCRM이라는 용어를 등장시킬 정도로 CRM의 활성화에 큰 역할을 하고 있다. 현재 인터넷과 휴대용 단말기는 고객과의 일대일 커뮤니케이션을 위한 가장 강력한 수단이며, 이로 인해 고객들의 인터넷 주소와 휴대폰 번호는 마케터들이 가장 확보하기를 원하는 고객정보가 되고 있다.

1.3 CRM 실행 프로세스

CRM 실행 프로세스(CRM implementation process)는 [그림 4-2]와 같이 나타낼 수 있다. CRM활동은 신규고객의 확보, 기존고객의 유지, 기존고객의 활성화 등 세 개의 유형으로 나누어질 수 있다. CRM활동의 유형에 신규고객의 창출이 포함되어 있지만 CRM의 주된 관심의 대상은 기존고객의 유지 및 활성화에 있다. 각 유형의 활동은 대상고객의 선정, 니즈분석, 가치창조, 가치제안, 성과분석의 과정을

그림 4-2 ➜ CRM 실행 프로세스

CRM활동 유형	대상고객의 선정	니즈분석	가치창조	가치제안 (대고객 커뮤니케이션)	성과평가
신규고객 창출	잠재고객 확보와 선별	잠재고객 니즈분석	신규고객 창출을 위한 가치창조	신규고객 창출을 위한 가치제안	신규고객 창출 활동 성과평가
기존고객 유지	기존고객 세분화	기존고객 니즈분석	기존고객 유지를 위한 가치창조	기존고객 유지를 위한 가치제안	기존고객 유지 활동 성과평가
기존고객 활성화	기존고객 세분화	기존고객 니즈분석	기존고객 활성화를 위한 가치창조	기존고객 활성화를 위한 가치제안	기존고객 활성화 활동 성과평가

거쳐 이루어지며, 각 과정은 [그림 4-3]에서와 같이 폐쇄고리(closed loop)를 형성하며 순환한다.

| 그림 4-3 | CRM 실행 프로세스의 순환구조

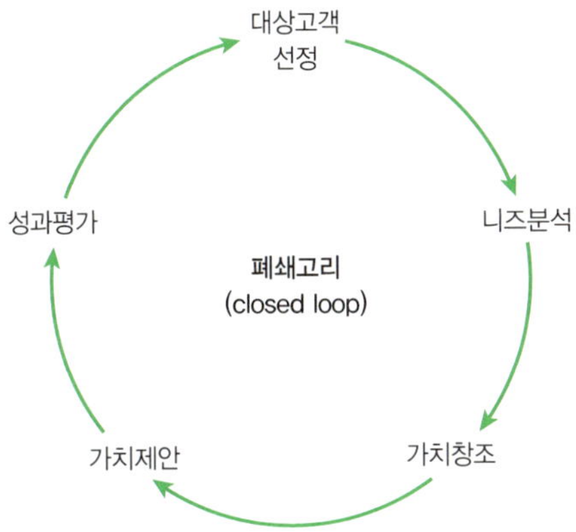

2. 신소매와 CRM

신소매의 전개과정에서 CRM은 얼마나 중요한 역할을 하고 있을까? 이는 신소매가 신규고객의 확장을 중심으로 전개되는지 혹은 기존고객의 유지 및 활성화를 중심으로 전개되고 있는지를 살펴보면 알 수 있다. 신소매의 중요한 등장 배경 중의 하나는 '시장의 포화'이다. 중국에서 모바일인터넷 신규 가입자수의 증가세가 둔화되면서 전자상거래시장의 성장속도도 점차 느려지고 있으며, 오프라인시장 또한 부진을 면치 못하고 있다. 신소매는 이렇게 부진한 상황에 있는 시장을 다시 활성화시킬 목적으로 등장하였다. 신규고객의 유입이 활발히 이루어지지 않는 상황에서 시장을 활성화시키기 위해서는 기존고객의 소비활동을 활성화시킬 수밖에 없다. 신소매의 가장 유력한 소비활동 활성화 수단은 고객체험이며, 따라서 신소매는 주로 기존고객들을 대상으로 신선한 소비체험을 제공함으로써 더욱더 활발하게 소비활동을 하게 하려는 소매방식이라고 할 수 있다. 그런데 CRM이 바로 기존고객을 중심으로 하는 활동이기 때문에 신소매와 CRM은 매우 밀접하다. 즉, 신소매는 고객체험을 주된 고객가치(고객에게 제공하는 가치)로 삼고 있는 CRM활동이라고 할 수 있다.

이처럼 신소매는 CRM적인 방식으로 전개되기 때문에 신소매에서의 고객은 특정한 세분시장에 속해 있는 추상적인 존재가 아니라 고객DB에 저장되어 있는 고객정보를 통해 파악될 수 있는 구체적인 존재이다. 신소매를 실행하고 있는 모든 기업들이 고객정보를 포함한 빅데이터를 강조하고 있는 것도 이러한 맥락에서 매우 자연스러운 현상이라고 할 수 있다.

2.1 고객정보의 수집

신소매를 주도하고 있는 대형 전자상거래업체들은 CRM활동을 이미 활발하게 수행하고 있다. 이들 업체들은 CRM활동의 원활한 전개를 위해 온라인에서는 물론 오프라인에서도 엄청난 양의 고객정보를 수집하고 있다. 오프라인에서는 자사가 직접 오프라인 점포를 운영하면서 고객정보를 수집하기도 하고, 대형 오프라인 유통업체와의 전략적 협력관계를 바탕으로 고객정보를 확보하기도 한다.

예를 들어 알리바바는 직접 운영하고 있는 허마시엔셩(盒马鲜生)이나 타오카페(淘咖啡)에 회원제를 도입하고 있으며, 고객들로 하여금 자사가 운영하는 알리페이를 사용하여 결제하도록 함으로써 이 점포를 이용하는 모든 고객들의 거래정보를 확보하고 있다. 또한 알리바바는 대형 오프라인 유통업체와의 연계를 통해서도 다량의 고객정보를 확보하고 있다. 예를 들어 인타이상업(银泰商业)과 협력하여 온오프라인 통합플랫폼을 구축하고, 양사의 회원DB와 결제시스템을 통합하였으며, 양사의 상품코드도 연계하였다. 또한 바이리엔그룹(百联集团)과도 전략적 협력관계를 맺고 회원시스템 통합, 결제시스템 통합 등에 대한 협약을 체결하였다. 이 밖에도 많은 오프라인 유통업체들과 전략적 협력관계를 맺고 고객정보를 공유하려는 시도를 하고 있다.

이처럼 중국기업들이 타사와의 전략적 제휴를 통해 고객정보를 수집하는 것이 가능한 이유는 중국이 개인정보와 관련하여 사생활의 보호(privacy protection)보다는 기업활동의 자유(business freedom)를 더 중시하는 정책을 채택하고 있기 때문이다.

2.2 CRM활동 사례

기존고객 대상의 CRM활동은 기존고객 유지를 위한 활동과 활성화를 위한 활동으로 구분될 수 있다([표 4-2] 참조).

| 표 4-2 | 기존고객 대상의 CRM활동

구분	내용
기존고객의 유지	마일리지 프로그램의 운영, 우수고객우대 프로그램의 운영, 이탈방지 캠페인의 전개, 해지방어 전담팀의 운영, 맞춤서비스의 제공, 인간적 유대의 강화 등
기존고객의 활성화	교차판매, 상향판매, 고객참여 활성화, 고객의 소개활동 활성화, 고객 커뮤니티의 활성화

기존고객의 유지는 '기존고객의 이탈을 방지하는 것'이라고 정의될 수 있으며, 고객관리활동의 가장 중추가 되는 활동이다. 왜냐하면 기존고객의 재구매를 유도하는 데 소요되는 비용이 신규고객을 확보하는 데 드는 비용에 비해 훨씬 적고, 또한 이탈률을 낮춤으로써 기업의 수익률을 획기적으로 증가시킬 수 있기 때문이다. 기존고객의 유지를 위한 활동에는 로열티 프로그램(마일리지 프로그램 및 우수고객우대 프로그램)의 운영, 이탈방지 캠페인의 전개, 해지방어 전담팀의 운영, 맞춤서비스의 제공, 인간적 유대의 강화 등이 포함된다. 기존고객의 활성화는 '기존고객과의 관계를 양적, 질적으로 확장시키는 것'이라고 정의할 수 있다. 고객관계의 양적 확장은 고객과의 연결고리의 숫자를 늘리는 것을 의미하며, 고객관계의 질적 확장은 하나하나의 연결고리를 보다 더 심도 있게 만들어 나가는 것을 의미한다. 기존고객의 활성화를 위한 활동에는 교차판매, 상향판매, 고객참여 활성화, 고객의 소개활동 활성화, 고객 커뮤니티의 활성화 등이 포함된다.

신소매 매장의 가장 대표적인 고객관계관리방법으로는 추천시스템을 들 수 있다. 아마존이나 알라바바와 같은 전자상거래업체들은 오래 전부터 협업필터링 분석방법을 바탕으로 기존고객을 대상으로 추가적으로 구매할 만한 상품을 추출하여 제안하는 활동을 활발히 전개해오고 있다. 이러한 노하우는 신소매 매장에도 적용되고 있다. 알리바바가 직접 설립하여 운영하고 있는 친청리(亲橙里)는 이에 대한 대표적인 사례를 제시해주고 있다. 친청리는 5층 건물의 복합쇼핑몰로 알리바바의 가장 대표적인 신소매 시험장이라고 할 수 있다. 매장 내의 엘리베이터, 에스컬레이터, 화장실 등 고객들의 이동이 빈번한 장소에는 빠짐 없이 스마트 전자스크린이 설치되어 있는데 이 스크린이 매우 중요한 대고객 커뮤니케이션 수단이 되고 있다.

예를 들어 고객이 전자스크린으로 다가가면 전자스크린에 장착된 센서와 카메라는 자동으로 고객의 신분을 확인하고 그 고객이 타오바오의 회원인지를 확인한다. 그리고 나서 그 고객이 타오바오의 회원이면 고객DB에 저장되어 있는 그 고객의 정보에 기초하여 매장에서 판매되고 있는 상품이나 서비스 혹은 진행되고 있는 행사 등을 추천해준다. 또한 1층과 2층 사이의 공간에는 대형 스크린이 설치되어 있는데, 타오바오 회원은 지정한 날짜에 자신의 애인 혹은 가족의 생일에 대형 스크린을 통해 축하 동영상을 전달할 수 있는 특권을 누릴 수 있다. 예를 들어 고객이 자신이 지정한 시간에 애인과 함께 대형 스크린 근처에 접근하면 스크린은 센서와 카메라를 통해 고객이 왔음을 인지하고 동영상과 음성을 자동으로 송출한다. 이러한 방법으로 고객은 자신의 애인에게 즐거운 놀라움을 선사할 수 있다. 당연하지만 송출되는 동영상은 친청리의 사전 심의를 받아야 한다.

신소매업체에 의한 고객관계관리의 또 다른 사례로 아동전문 유통기업 하이즈왕(孩子王)을 들 수 있다. 기존고객의 관리는 물론 신규고객의 확보에 이르는 회사의 모든 운영의 중심을 회원관리에 두고 있는 이 업체의 사례는 중국 신소매업체들의 고객관계관리가 매우 정교하게 이루어지고 있음을 보여주고 있다([글 4-1] 참조).

글 4-1 아동전문 유통기업 하이즈왕의 CRM

아동전문 유통기업인 하이즈왕(孩子王)은 CRM활동을 성공적으로 수행하고 있는 신소매기업으로 매우 유명하다. 2009년 아동복 전문 유통업체로 설립된 이 회사는 지금은 아동복 이외에 완구류, 식품, 조기교육 프로그램, 영유아 동반 여행상품 등 매우 다양한 상품과 서비스를 취급하고 있다. 이 회사는 온라인 매장은 물론 2018년 초 기준 215개의 오프라인 매장도 가지고 있다. 이 회사의 회원수는 2018년 초를 기준으로 1,379만 명에 달한다. 매출의 95%가 회원으로부터 나오고 있으며, 회원의 재구매율도 80%를 넘고 있다. 회원의 50%는 2달에 3번 정도 구매를 하고 있으며, 연평균 구매액이 1,224 위안(약 21만 원)에 이른다. 이러한 수치는 이 회사가 경영의 중심을 회원들과의 관계를 관리하는 데 두고 있음을 의미한다. 회원은 3만 SKU에 달하는 다양한 상품들 중에서 물건을 고를 수 있음은 물론, 매장에서 진행되는 다양한 프로그램에 참여할 수 있고, 온라인으로 자문을 받을 수도 있으며, 하이즈왕앱을 통해 다른 엄마들과 다양한 체험을 공유할 수도 있다.

이 회사는 육아상담사(育儿顾问)라는 명칭의 직원들을 두고 이들로 하여금 회원관리를 하도록 하고 있다. 이들은 기존고객들을 대상으로 상담을 하는 과정을 통해 자연스럽게 매출 실적을 올리고, 또한 다양한 행사를 통해 신규고객을 창출하는 역할을 담당한다. 즉, 이들은 회사의 매출과 수익을 창출하는 영업사원이라고 할 수 있다. 회사는 효율적인 회원관리를 위해 '직원고객합일(人客合一)'라는 명칭의 앱을 개설하여 육아고문 직원들에게 제공하고 있다. 육아상담사는 이 앱을 통해 고객에 대한 다양한 정보를 볼 수 있다. 최근의 구매실적은 물론, 온오프라인 행사에 얼마나 활발히 참여하고 있는지 등을 알 수 있다. 만일 최근에 구매활동이 뜸해졌다면 앱을 통해 쿠폰 등을 증정함으로써 소비가 다시 일어나도록 유도할 수 있다. 또한 육아상담사는 이 앱을 통해 자신의 신규유치 고객수, 영업실적, 총수입 등의 정보를 볼 수 있다. 즉, 이 회사의 육아상담사 지원을 위한 앱은 일종의 영업자동화시스템(salesforce automation : SFA)이라고 할 수 있다.

엄마들은 육아상담사와의 상담을 통해 어떤 상품이나 서비스를 구매할지를 결정하기 때문에 육아상담사는 무엇보다 전문성을 갖추지 않으면 안 된다. 육아상담사들은 보통 2,000~3,000명의 고객들을 관리하기 때문에 효율적인 관리방법이 필요하다. 많은 육아상담사들은 수십 개의 웨이신 채팅방을 만들어 고객들의 상담에 응하는 한편, 시간을 내서 시급히 결정해야 할 문제를 가지고 있는 고객을 방문하기도 한다. 이 회사의 각 매장은 매년 1,000개 정도의 판매촉진 행사를 진행하는데, 이러한 행사는 기존고객에 대한 관리는 물론 신규고객의 창출에도 대단히 중요한 역할을 한다. 이러한 행사에는 회원뿐만 아니라 비회원도 참여할 수 있는데 비회원으로 참여했다가 회원이 되는 확률(전환율)은 거의 100%에 가깝다. 이 회사에서는 상품을 구매하여야 비로소 회원이 될 수 있기 때문에 전환율이 100%에 가깝다는 것은 매우 경이적이라고 할 수 있다. 이를 통해 이 회사가 판매촉진을 위한 행사에 얼마나 많은 공을 들이고 있는가를 알 수 있다. 회사는 판매촉진 행사에 대한 사항을 각 매장의 점장을 평가하는 매우 중요한 지표로 삼고 있으며, 이로 인해 점장들은 행사 진행 상황, 참가자의 회원으로의 전환율, 직원들의 참여도, 직원들의 지식 수준 등에 대해 많은 관심을 둘 수밖에 없다. 결론적으로 이 회사의 회원관리를 위한 활동은 회원을 대상으로 추가적인 매출 실적을 올리는 수단인 동시에 신규회원을 확보하는 훌륭한 수단이 되고 있다.

자료 : 搜狐, "孩子王 : 经营用户关系的新零售革命," 2018年 1月 8日。
搜狐, "2017上半年新零售top10榜, 孩子王位居前三," 2017年 8月 14日。
赢商网, "孩子王模式的核心是顾客关系管理 98%的销售来自会员," 2016年 6月 3日。

참고문헌

박찬욱(2014), 고객관계관리, 도서출판 청람.

搜狐, “火爆亮相的阿里“亲橙里”你看懂了吗 ： 新零售一次教科书式打样,” 2018年 4月 29日。

搜狐, “孩子王：经营用户关系的新零售革命,” 2018年 1月 8日。

搜狐, “2017上半年新零售top10榜, 孩子王位居前三,” 2017年 8月 14日。

赢商网, “孩子王模式的核心是顾客关系管理 98%的销售来自会员,” 2016年 6月 3日。

CHAPTER 05

신소매와 빅데이터

CHAPTER 05 신소매와 빅데이터

1. 빅데이터 개요

1.1 정보와 데이터

데이터를 분석함으로써 얻어지는 것이 정보이고, 이렇게 얻어진 정보는 각종 의사결정에 활용된다([그림 5-1] 참조). 예를 들어 과거의 판매량 데이터에 대한 분석을 통해 미래의 판매량에 대한 정보를 얻을 수 있다면 이는 향후의 생산량이나 구매량 등에 대한 의사결정을 하는 데 유용하게 사용될 수 있다. 즉, 데이터가 확보되지 않으면 정보를 얻을 수 없고, 따라서 높은 수준의 의사결정도 기대하기 어렵다. 데이터의 가치를 인식하게 되면서 데이터는 흔히 원유(原油)에 비유되고 있다. 이는 원유의 정제를 통해 만들어진 각종 유류가 없이는 산업의 발전이 원활하게 이루어질 수 없듯이 데이터가 없이는 가치 있는 정보를 만들 수 없고 따라서 경쟁력을 강화할 수 있는 의사결정이 원활하게 이루어질 수 없다는 것을 의미한다. 최근 들어 빅데이터(Big Data)의 중요성이 강조되고 있는 것은 바로 이 때문이다. 알리바바그룹의 마윈이 DT(Data Technology : 데이터기술)이라는 용어까지 만들어서 "세상은 지금 IT(정보기술) 시대에서 DT 시대로 가고 있다"고 설파한 것도 같은 맥락에서 이해될 수 있다. 알리바바그룹은 빅데이터를 십분 활용하기 위해 중국 각지에는 물론 미국, 독일, 일본 등지에 데이터센터를 건립하였다.

그림 5-1 자료, 정보, 의사결정의 관계

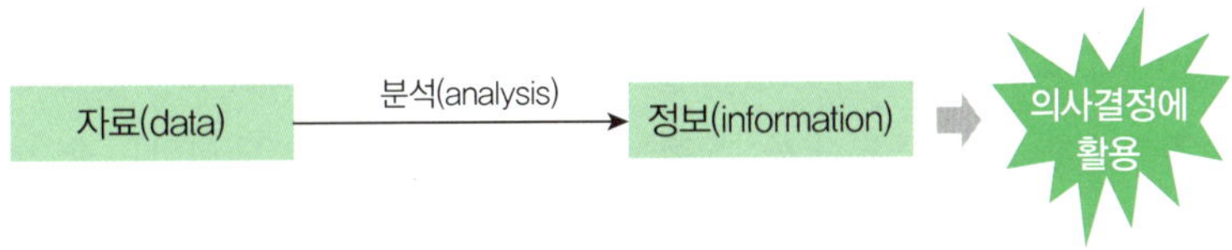

1.2 빅데이터의 정의와 특징

빅데이터는 "규모가 매우 방대하고, 매우 빠른 속도로 생성되며, 형태가 매우 다양한 데이터"로 정의될 수 있다. 즉, 빅데이터는 방대한 규모(volume), 빠른 생성 속도(velocity), 형태의 다양성(variety) 등의 세 가지 특징을 지니고 있다. 빅데이터가 주목을 받기 훨씬 이전부터 방대한 규모의 데이터는 이미 존재하고 있었다. 이들 데이터는 주로 금융기관, 통신업체, 유통업체 등이 보유하고 있는 데이터로 거의 숫자로 이루어져 있다. 그러다가 인터넷, 모바일기기 등의 사용이 생활화되고, 사물인터넷(IoT), 소셜미디어, UCC 등이 활성화되면서 숫자는 물론 문자, 동영상, 음성, 위치, 웹로그 등 다양한 형태의 데이터가 폭발적으로 증가하게 되었는데, 숫자 데이터와 함께 새롭게 출현한 다양한 형태의 대규모 데이터를 모두 포괄하는 개념으로 등장한 것이 바로 빅데이터라고 할 수 있다. 하지만 적어도 유통 분야에서 가장 활발히 사용되고 있는 데이터는 여전히 숫자로 이루어진 빅데이터라고 할 수 있다.

1.3 빅데이터의 분석

빅데이터는 분석의 과정을 거쳐야 비로소 가치 있는 정보를 산출해 낼 수 있다. 유통부문에서 자주 사용되는 빅데이터 분석방법으로 텍스트마이닝과 데이터마이닝을 들 수 있다.

1.3.1 텍스트마이닝

텍스트마이닝(text mining)에서의 마이닝은 "탄광에서 광석을 채굴하다"라는 뜻을 가진 'mine'이라는 동사의 동명사(動名詞)이다. 따라서 텍스트마이닝은 탄광에 비유될 수 있는 '대용량의 문자 데이터'에서 광물에 비유될 수 있는 '가치 있는 정보'를 찾아내는 과정을 의미한다. 2010년대 들어 소셜미디어(social media)를 중심으로 문자정보가 대량으로 만들어지고 있기 때문에 텍스트마이닝은 주로 소셜미디어를 중심으로 이루어지고 있다. 카카오톡, 페이스북, 트위터, 위챗, 블로그 등 소셜미디어는 이제 단순히 의견이나 정보를 교환하는 수단이 아니라, 일상생활을 영위하는 데 있어서 필수불가결한 수단이 되어가고 있다. 여기에서 생산되는 대용량의 문자 데이터는 사람들의 생각, 취향, 활동 등에 대한 다양한 정보를 담고 있다. 특히 감성분석(sentiment analysis)은 텍스트마이닝의 중요한 영역으로 문장에서 주관적인 감성을 나타내는 정보(주로 형용사나 부사)를 찾아내어 긍정, 부정, 중립의 성향으로 구분해내는 기술을 의미한다. 예를 들어 전자상거래업체는 자사의 쇼핑몰에 올라온 상품평에 대한 감성분석을 통해 고객들이 특정 상품에 대해 어떠한 생각을 가지고 있는지를 분석할 수 있다. 또한 소셜미디어에 나타난 특정 회사나 브랜드와 연계되어 어휘를 분석함으로써 소비자들이 특정 회사나 브랜드에 대해 어떤 감정을 가지고 있는지를 분석할 수 있다.

1.3.2 데이터마이닝

데이터마이닝(data mining)은 "대용량의 데이터 집합에서 가치 있는 정보를 추출하는 과정"으로 정의될 수 있다. 대표적인 리서치기관인 가트너그룹(Gartner Group)도 이와 유사하게 데이터마이닝을 "통계학, 수학, 패턴인식기술 등을 이용하여 데이터를 분석함으로써 의미 있는 새로운 상관관계, 패턴, 추세 등을 발견하는 과정"이라고 정의하고 있다. 텍스트마이닝과는 달리 데이터마이닝에서 사용되는 데이터는 주로 숫자 데이터이다. 데이터마이닝의 형성에는 많은 학문 분야의 기여가 있었지만, 그 가운데 가장 대표적인 것으로는 통계학과 인공지능(AI)의 한 분야인 기계학습(machine learning)을 들 수 있다.

- 통계학 : 통계학 분야에서는 오래 전부터 데이터를 분석하고 모델을 구축하는 기법들을 발달시켜왔으며, 그 결과 다양한 다변량 분석(multivariate analysis) 기법들이 만들어졌다. 이러한 기법들은 통계적인 유의성을 확보하고 있는 모델을 구축하는 데 그 목적을 두고 있다. 구체적으로는 회귀분석, 로지스틱 회귀분석, 판별분석 등이 대표적인 통계학기반의 데이터마이닝 기법이라고 할 수 있다.
- 기계학습 : 기계학습 분야는 대용량 데이터와 강력한 컴퓨터 성능을 기반으로 하고 있으며, 추정치의 통계적 유의성보다는 고성능 컴퓨터를 십분 활용하여 예측력이 뛰어난 모델을 찾아가는 데 관심을 갖는다. 기계학습에 바탕을 둔 모델은 모델 구축에 활용된 데이터가 크면 클수록 정확한 특성을 가지고 있기 때문에 통계학에 기반을 둔 모델에 비해 빅데이터가 훨씬 더 큰 역할을 할 수 있다. 기계학습에 기반을 두고 있는 대표적인 데이터마이닝 기법으로는 의사결정나무, 인공신경망 분석, 연관규칙 탐색(장바구니 분석) 등을 들 수 있다.

데이터마이닝은 [그림 5-2]에서와 같이 데이터마이닝 수행 목적의 결정, 분석 데이터의 추출, 추출 데이터의 품질 제고, 추출 데이터의 분할, 모델의 개발 및 평가 등의 단계를 거쳐 이루어진다. 예를 들어

그림 5-2 ›› 데이터마이닝의 수행과정

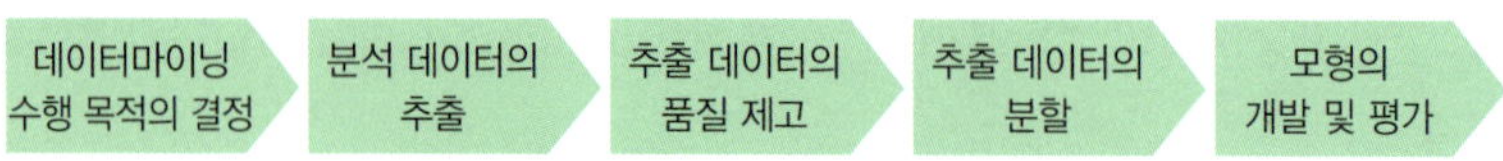

데이터마이닝의 수행 목적이 판매량을 예측하는 것이라면 이 작업의 최종 목적은 예측력이 뛰어난 수리적인 모델을 개발하는 데 있다.

데이터마이닝 기법들은 [표 5-1]에서와 같이 크게 종속적 분석(dependence analysis) 기법과 상호의존적 분석(interdependence analysis) 기법으로 구분될 수 있다. 종속적 분석에서는 영향을 받는

| 표 5-1 | 데이터마이닝의 작업 유형

구분	작업 유형	내용	적용	데이터마이닝 기법
종속적 분석	분류	• 새로운 대상을 이미 정해진 그룹으로 분류할 수 있는 규칙 발견	• 신용등급 결정 • 이탈 가능성 예측 • 부정거래 식별 • 잠재력에 따른 고객 구분	판별분석, 로지스틱 회귀분석, 의사결정나무
	추정	• 특정 변수를 종속변수로 하는 수리적 모델을 구축하고, 이를 기반으로 새로운 대상의 종속변수의 값을 추정	• 고객 평생가치의 추정 • 예상 이탈고객수의 추정 • 구매량의 추정	회귀분석, 인공신경망 분석
상호 연관적 분석	연관 규칙 탐색	• 동시에 발생하는 사건들 사이에 존재하는 패턴 발견	• 매장 상품 진열에 적용 • 교차판매 대상 상품의 선정 • 패키지상품의 개발	장바구니 분석
	연속 패턴 탐색	• 시간의 흐름에 따른 사건들의 발생 패턴 발견	• 교차판매 프로그램 • 로열티 프로그램	연속패턴 분석
	군집화	• 이질적인 개체들을 동질적인 그룹으로 구분	• 제품 카테고리 분석 • 시장세분화	계층적 군집분석, k-means 군집분석

변수인 종속변수와 영향을 주는 변수인 독립변수가 명확히 구분되어 있고, 독립변수를 활용하여 종속변수의 값을 추정하는 작업이 이루어진다. 이에 반해 상호연관적 분석에서는 데이터에 내재되어 있는 패턴 등을 파악하는 작업이 이루어진다.

데이터마이닝을 통해서 이루어질 수 있는 작업의 유형으로는 분류(classification), 추정(estimation), 연관규칙(associated rule) 탐색, 연속패턴(sequential pattern) 탐색, 군집화(clustering) 등이 있다. 이 가운데 분류와 추정은 종속적 분석 기법에 속하고, 연관규칙 탐색, 연속패턴 탐색, 군집화 등은 상호의존적 분석 기법에 속한다. 유통 부문에서는 판매량의 추정을 위한 회귀분석이나 인공신경망 분석, 그리고 상품추천을 위한 연관규칙 탐색 등이 가장 빈번하게 사용되는 기법이

글 5-1 인공신경망 분석을 통한 채소류의 수급 및 가격예측

빅데이터를 분석해 채소류의 수급과 가격을 예측할 수 있는 '채소류의 지능형 수급예측시스템(BIGFOS)'이 개발됐다. BIGFOS는 농식품신유통연구원이 주관 연구기관인 '과학기술기반 채소류 수급유통 고도화 사업단'에서 빅데이터를 활용해 개발했다. BIGFOS에선 생산, 소비, 기후, 해외시장과 관련된 정형적인 자료뿐만 아니라 인터넷 및 소셜네트워크상의 비정형 자료도 분석해 채소류의 수급과 가격을 예측하고 있다. 특히 소매매장의 판매 데이터 및 인터넷상의 비정형 데이터 분석을 통해 소비량과 중기 가격예측이 가능한 인공신경망 예측모델을 개발했다. 이는 기존 생산자 및 전문가에 대한 인터뷰에 의존하던 산지작황 및 저장량 정보를 넘어 산지조직의 생산 · 유통시스템을 개발, 보급함은 물론 시스템화시켜 정보수집의 효율성과 정확성을 높였다는 평가를 받고 있다.

자료 : 한국농어민신문, "신유통연구원 "빅데이터 활용 채소류 수급 예측"," 2017년 11월 21일.

라고 할 수 있다([글 5-1] 및 [글 5-2] 참조).

글 5-2 협업필터링을 이용한 상품추천

협업필터링(collaborative filtering)은 일종의 집단지성을 이용한 추천시스템이라고 할 수 있다. 협업필터링은 아마존이 이를 도서추천시스템에 활용하면서 유명해졌으며, 아마존 전체 매출의 30~35%가 이를 통해 얻어지는 것으로 알려져 있다. 협업필터링은 사용자를 기반으로 하는 방식과 상품을 기반으로 하는 방식의 두 가지가 있다. 사용자기반 방식은 특정 사용자와 유사한 특성을 지닌 사용자그룹을 찾아낸 뒤, 이 그룹에 속한 사람들이 공통적으로 구매하거나 관심을 갖고 있는 상품을 특정 사용자에게 추천하는 방식이다. 예를 들어 A라는 사람이 x와 y를 구매하였다고 하면, 우선 x와 y를 모두 구매한 사람들을 찾은 뒤, 이들이 공통적으로 구매한 또 다른 상품이 z였다고 하면 z를 A에게 추천하는 방식이다. 상품기반 방식은 우선 상품들 간의 유사성을 알아낸 뒤, 사용자가 구매하지 않은 상품들 중에서 이미 구매한 상품과 유사성이 큰 상품을 추천하는 방식이다. 상품 간의 유사성은 주로 두 개의 상품이 동시에 구매되는 경우가 얼마나 빈번히 일어나는가를 기준으로 판단된다. 예를 들어 A라는 사람이 x를 구입하였고, x와 유사성이 높으면서 A가 구입하지 않은 상품이 y라면 y를 A에게 추천하는 방식이다. 교보문고 등의 인터넷 서점에서 흔히 볼 수 있는 "이 책을 구매하신 분들이 함께 구매하신 상품입니다"라는 멘트가 바로 상품기반 협업필터링이 적용된 추천시스템에 의한 것이다.

자료 : 김종우, 김선태 역(2018), 경영을 위한 데이터마이닝, 한경사, 289-292.

2. 신소매와 빅데이터

2.1 전자상거래업체와 빅데이터

빅데이터는 신소매 구현을 위한 가장 중요한 자산이다. 왜냐하면 오프라인 매장에서 쇼핑하는 고객에게 온라인적인 쇼핑경험을 제공하기 위해서는 다양한 상품들의 판매량과 판매시기에 대한 예측, 특정 고객에게 부합하는 상품의 실시간적 예측 등이 이루어져야 하는데, 이러한 것들은 모두 빅데이터에 대한 분석을 바탕으로 하고 있기 때문이다.

정보기술(IT)의 발전이 빠른 속도로 이루어지면서 데이터의 수집 · 저장 · 분석에 필요한 비용이 현격하게 줄어들었고, 이에 따라 빅데이터는 큰 부담 없이 다양한 용도로 사용될 수 있게 되었다. 이렇게 빅데이터의 활용이 확대되면서 유통업체, 그 중에서도 특히 신소매를 주도하고 있는 아마존이나 알리바바와 같은 대형 전자상거래업체의 위상이 급격히 향상되었다. 왜냐하면 대형 전자상거래업체는 어떤 업종의 기업보다도 훨씬 더 정확하고 다양한 정보를 풍부하게 수집할 수 있기 때문이다. 즉, 빅데이터의 관점에서 전자상거래업체들은 제조업체는 물론 백화점이나 대형마트와 같은 오프라인 유통업체에 비해서도 훨씬 더 유리한 위치에 있다. 이러한 이점은 양적 측면 및 질적 측면에서 살펴볼 수 있다.

2.1.1 양적 측면

오프라인 유통업체들이 고객정보를 수집하기 위해서는 비용을 들여 회원카드를 발급하여야 하지만, 전자상거래업체들은 추가적인 비용을 들이지 않고도 사업을 수행하는 과정에서 자연스럽게 고객정보를 수집할 수 있다.

오프라인 유통업체들은 아무리 열심히 노력하여도 70% 이상의 고객이 회원카드를 이용하도록 만들기는 어렵지만 전자상거래업체들은 모든 고객에 대해 모든 거래정보를 수집할 수 있다.

전자상거래에서는 거래정보뿐만 아니라 검색의 흔적인 로그파일을 수집할 수 있다. 이를 이용하면 기존고객은 물론 한 번도 거래를 한 적이 없는 고객에 대해서도 현재 어떤 상품에 관심이 있고, 또 언제쯤 구매를 할 것인지를 상당히 정확하게 예측할 수 있다. 아마존이 예측배송시스템을 도입하여 경쟁력을 강화할 수 있었던 것도 바로 이 때문이다([글 5-3] 참조).

글 5-3 아마존의 예측배송시스템

빅데이터 분석을 이용한 고객 이해와 구매 추천의 선구자인 아마존은 '예측배송'이라는 또 다른 파격적 행보를 시도할 계획인데, 이를 위해 2013년 12월 고객이 구매하기 전에 배송을 준비하는 '예측배송(anticipatory shipping)'서비스에 대한 특허를 취득한 바 있다. '예측배송'은 고객이 구매할지 여부가 불확실한 상황에서 고객 주소지 근처의 물류창고로 배송을 시작하는 것으로, 이는 기존 주문과 검색 내역, 위시 리스트와 쇼핑 카트에 담아 놓은 상품, 반품 내역, 마우스 커서가 머무른 시간 등을 활용해 고객 자신보다 고객을 더 잘 이해하는 것으로 알려져 있는 아마존의 빅데이터 분석 역량에 바탕을 두고 있다. 이와 관련해 '월스트리트저널(*WSJ*)'은 "예측배송은 방대한 고객 데이터를 제대로 활용하고 있는 아마존만이 가능한 서비스로 경쟁업체들과 비교해 강력한 차별화 포인트가 될 수 있을 것이다"고 전망했다.

자료 : 최재경(2016), "빅데이터 분석의 국내외 활용 현황과 시사점," R&D InI, 33-43.

2.1.2 질적 측면

전자상거래에서는 연락처, 결제수단, 주소 등에 대한 정보가 훨씬 정확하다. 왜냐하면 이러한 정보가 부정확하면 거래 자체가 이루어지지 못할 수 있기 때문이다.

전자상거래에서는 고객정보의 최신화(update)가 고객 스스로에 의해 이루어지기 때문에 매우 용이할 뿐만 아니라 비용도 적게 든다. 이에 비해 오프라인 유통업체에 있어서 고객정보의 최신화는 매우 해결하기 어려운 과제이다.

2.2 빅데이터와 수요예측

유통업체는 상품판매를 업으로 삼고 있기 때문에 무엇보다 소비자의 수요를 정확하게 예측할 수 있어야 한다. 왜냐하면 수요를 과다하게 예측하면 악성재고가 발생하고, 과소하게 예측하면 판매기회의 손실이 발생하기 때문이다. 뿐만 아니라 수요예측은 대고객서비스 차원에서도 매우 중요하다. 고객은 찾는 물건이 매장에 없으면 실망하게 되고 이는 곧 이탈로 이어질 수 있기 때문이다. 따라서 정확한 수요예측은 유통업체가 빅데이터를 활용하는 가장 중요한 목표가 된다([글 5-4] 참조).

글 5-4 유통업체의 빅데이터를 이용한 수요예측의 중요성

우리나라의 마켓컬리는 신선식품을 온라인을 통해 판매하는 푸드테크 스타트업으로 주문부터 배송까지 모든 과정에 ICT기술을 도입한 리테일테크 대표기업으로 손꼽힌다. 마켓컬리는 제품의 신선도, 품질관리, 합리적인 가격을 위해 전상품을 직매입으로 운영하고 있는데, 이를 효율적으로 운영할 수 있는 노하우는 바로 자체 개발한 빅데이터기반 알고리즘에 있다. 고도로 학습된 알고리즘을 통해 재고회전율 등의 상품 특성은 물론 날씨, 계절, 프로모션 등의 다양한 변수를 반영해 실제 주문량에 가까운 근사치를 예측할 수 있으며, 이를 바탕으로 효율적인 물류 운영이 가능해졌다. 따라서 마켓컬리는 유통기한 원칙을 엄격하게 유지하면서도 상품 폐기율은 1% 미만으로 유지할 수 있을 뿐만 아니라, 신선도가 생명인 채소류의 경우 당일 수확해 배송까지 17시간 이내에 이뤄진다. 이렇게 구축된 시스템은 고품질의 상품을 합리적인 가격으로 소비자에게 지속적으로 제공할 수 있게 함으로써 마켓컬리가 시장에서 빠르게 자리 잡을 수 있는 원동력이 됐다.

자료 : 파이낸셜뉴스, "유통과 4차산업혁명의 만남 '리테일테크' 눈길," 2018년 3월 10일.

신소매의 전개과정에서도 정확한 수요예측은 유통업체가 공급망의 전과정을 통제할 수 있는 강력한 수단이 된다. 즉, 알리바바 등과 같은 대형 전자상거래업체는 신소매사업을 전개함에 있어서 빅데이터를 활용한 정확한 수요예측을 바탕으로 상품의 조달에서 판매에 이르기까지의 전과정을 수직계열화시키고 있다. 이러한 수직계열화과정은 제조업체에 대한 영향력 강화 및 소매업체에 대한 영향력 강화의 두 가지 측면에서 살펴볼 수 있다.

2.2.1 제조업체에 대한 영향력 강화

유통업체가 제조업체에게 정확한 수요예측 정보를 제공할 수 있다면 제조업체는 이 정보를 바탕으로 생산, 자금조달, 인력수급 등 사업 전반에 걸쳐 보다 합리적인 운영을 할 수 있게 된다. 물론 제조업체도 유통업체로부터의 주문량 등을 바탕으로 수요를 어느 정도 예측할 수는 있지만 대규모 판매정보를 확보하고 있는 유통업체만큼 정확하고 신속하게 수요를 예측할 수는 없다. 따라서 대형 유통업체는 정확한 수요예측정보를 바탕으로 제조업체에 대한 영향력을 확대할 수 있으며, 더욱이 제조업체 매출의 상당히 큰 비율을 차지하고 있는 유통업체라면 제조업체를 종속시킬 수 있는 힘까지 가질 수도 있다.

우리나라의 대형마트가 대형 가공식품 및 생활용품 제조업체에 대해 막강한 영향력을 행사할 수 있는 것도 판매력과 함께 수요예측능력을 겸비하고 있기 때문이다. 유통업체 가운데 대형 전자상거래업체만큼 소비자와 판매에 대한 데이터를 많이 확보하고 있는 업체는 없다. 이들 업체들은 빅데이터를 바탕으로 기계학습 등의 인공지능기술을 활용하여 정교한 수요예측을 해내고 있다. 이러한 수요예측 자료를 제조업체에 제공하면 제조업체는 미리 주문을 받아 놓고 생산에 임하는 효과를 거둘 수 있다. 이렇게 되면 제조업체는 특히 재고관리에 있어서 결정적인 경쟁력을 확보할 수 있게 된다([글 5-5] 참조).

글 5-5 네슬레와 알리바바

스위스의 식품그룹 네슬레(Nestle)는 중국시장에서 알리바바가 운영하는 4개의 온라인채널(티몰, 티몰슈퍼마켓, 농촌타오바오, 알리링쇼통)을 통해 상품을 판매하면서 재고를 각 채널별로 관리하고 있었다. 이로 인해 특정 상품이 어느 창고에서는 재고부족 현상이 발생하고 있는데 또 다른 창고에서는 과잉재고가 발생하는 일이 빈번히 발생하였다. 네슬레는 이러한 현상을 방지하기 위해 2017년 6월 알리바바그룹의 차이냐오네트워크(菜鸟网络)와 제휴를 맺고, 모든 채널의 재고를 통합하여 관리하는 '일체형 재고관리시스템'을 도입하였다. 이를 위해 네슬레는 중국 내에서의 거래 유통업체를 4개에서 1개로 줄였다. 또한 티몰과 티몰슈퍼마켓에서 판매되는 모든 상품을 차이냐오가 운영하는 중국 전역에 분포한 12개의 창고로 옮기고, 이를 통해 고객의 주문에 즉시 대응할 수 있도록 하였다. 그 결과 온라인에서의 재고부족률이 22%에서 5%로 감소하는 등 재고회전 효율이 크게 향상되었다. 또한 이러한 조치는 물류비용을 낮추는 데도 크게 기여하고 있다. 즉, 주경계를 넘나드는 배송률이 60%에서 10%로 줄어들었고, 배송시간 단축으로 당일 혹은 익일 배송이 전체 배송의 80%를 차지하게 되었다.

이러한 성공의 이면에는 차이냐오의 네슬레에 제공하고 있는 판매예측서비스가 자리하고 있다. 알리바바의 플랫폼에 방문하는 소비자는 일평균 약 5억 명에 이르고 있다. 차이냐오(菜鸟)는 여기에서 얻어지는 소비자 및 판매 데이터를 이용하여 각 지역의 소비자들이 구매할 가능성이 높은 상품을 파악한 후, 네슬레에게 중국 각 지역에 위치하는 창고에 인근지역에서 구매가 이루어질 가능성이 높은 상품을 배송하도록 하는 스마트 재고배분 컨설팅서비스를 제공하고 있다. 또한 챠이냐오는 네슬레에게 판촉 캠페인 기간 동안에 재고부족이 발생하지 않도록 하기 위해 재고예측 및 실시간 공급부족 경보서비스를 제공하고 있다. 이러한 서비스를 통해 네슬레는 재고 운영의 탄력성을 높여 재고부족과 과잉재고 현상을 방지할 수 있게 되었다. 네슬레는 이러한 방법으로 2017년 광군제 기간에만 1천만 위안(약 17억 원)의 공급망관련 비용을 절약할 수 있었다.

자료 : Chou, Christine(2018), "Nestle, Cainiao unveil new inventory solution designed for new retail," ALIZILA(News from Alibaba

Group), February 13, 2018.
Ding, Jason, Bruno Lannes, and Larry Zhu(2017), "Delivering China's "New Retail Future"," Bain & Company.

2.2.2 소매업체에 대한 영향력 강화

알리바바나 징동과 같은 거대 전자상거래업체는 정확한 수요예측을 바탕으로 오프라인 소매업체에 대한 영향력을 강화할 수 있다. 거대 전자상거래업체는 빅데이터를 바탕으로 소매업체가 위치한 상권에서의 수요예측 자료를 바탕으로 적합한 상품을 적기에 공급함으로써 소매업체의 수익증대에 결정적인 기여를 할 수 있다. 이러한 활동을 통해 거대 전자상거래업체는 자연스럽게 소매업체를 종속화시켜 나갈 수 있게 된다.

참고문헌

김종우, 김선태 역(2018), 경영을 위한 데이터마이닝, 한경사, 289-292.

박찬욱(2014), 고객관계관리, 도서출판 청람, 제9장 데이터마이닝, 285-328.

최재경(2016), "빅데이터 분석의 국내외 활용 현황과 시사점," R&D InI, 33-43.

한국농어민신문, "신유통연구원 "빅데이터 활용 채소류 수급 예측"," 2017년 11월 21일.

디지털타임스, "전자상거래 시장 빅데이터의 힘," 2014년 3월 25일.

파이낸셜뉴스, "유통과 4차산업혁명의 만남 '리테일테크' 눈길," 2018년 3월 10일.

Chou, Christine(2018), "Nestle, Cainiao unveil new inventory solution designed for new retail," ALIZILA(News from Alibaba Group), February 13, 2018.

Ding, Jason, Bruno Lannes, and Larry Zhu(2017), "Delivering China's "New Retail Future"," Bain & Company.

Edosio, Uyoyo(2014), "Big Data Analytics and its Application in E-Commerce," Conference Paper, https://www.researchgate.net/publication/264129339.

Erickson, Jim and Susan Wang(2017), "At Alibaba, artificial intelligence is changing how people shop online," ALIZILA(News from Alibaba Group), June 5, 2017.

The Financial Times, "Alibaba taps user data to drive growth spurt," June 22, 2017.

CHAPTER 06

신소매와 물류

CHAPTER 06

신소매와 물류

1. 물류의 개념

물류(物流 ; physical distribution)는 물적 유통(物的 流通)의 줄임말로 "상품이 생산자로부터 소비자에게 이동해가는 실물적인 흐름을 원활하게 수행하기 위한 모든 활동"으로 정의될 수 있다. 물류에는 운송, 보관, 하역, 포장, 물류정보관리 등의 활동이 포함되며, 이러한 활동을 통해 상품의 공간적, 시간적 가치가 창출된다. 물적 유통은 소유권의 이전을 의미하는 상적 유통(商的 流通, transactional distribution)과 구별되는 개념이다.

- 상적 유통(상류) : 상적 유통은 제조업체로부터 도매상과 소매상을 거쳐 소비자에게 상품의 소유권이 이전되는 과정에서 발생하는 활동을 의미하며, 산업의 관점에서 보면 도매업, 소매업, 무역업, 중개업, 대리업 등이 해당된다.
- 물적 유통(물류) : 물적 유통은 상품의 소유권과는 관계없이 상품

의 실물적인 이동이 원활하게 이루어지게 하기 위한 활동을 의미하며, 산업의 관점에서 보면 창고업, 운송업, 하역업, 포장업 등이 해당된다.

예를 들어 대형마트 본사가 생산자(농민 혹은 조합)와의 직거래를 통해 농산물을 조달하여 전국에 분포되어 있는 매장에서 판매한다고 하면, 대형마트가 생산자로부터의 농산물을 구매하는 활동과 매장에서 소비자에게 농산물을 판매하는 활동은 상적 유통에 해당되고, 생산지로부터 대형마트 물류센터로의 농산물 운송, 물류센터에서의 저장 · 가공 · 포장, 물류센터에서 각 매장으로의 농산물 운송 등의 활동은 물적 유통에 해당된다.

2. 물류의 유형

물류의 유형은 물류 대상 상품(원부자재 vs 완제품), 소매상의 구매력(대규모 vs 중소규모), 소매상의 유형(오프라인 vs 전자상거래) 등에 따라 구분될 수 있다([그림 6-1] 및 [그림 6-2] 참조).

그림 6-1 ➝ 소매상이 오프라인기업인 경우의 물류

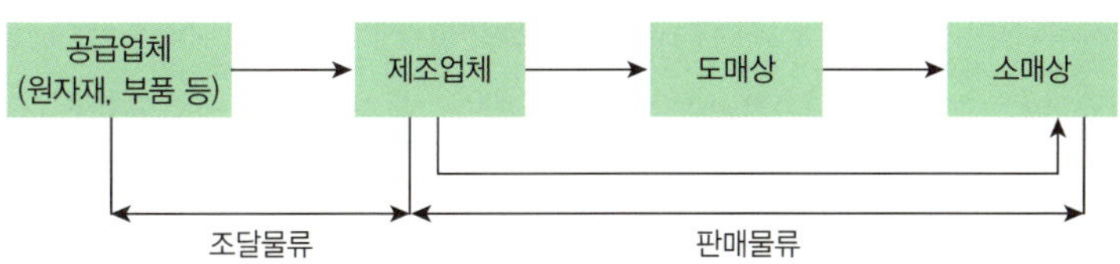

그림 6-2 ⟫ 소매상이 전자상거래기업인 경우의 물류

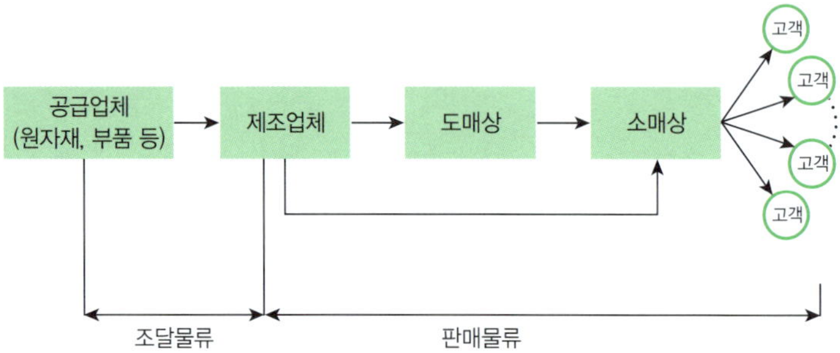

2.1 물류 대상 상품의 유형

물류는 원부자재 물류를 의미하는 조달물류와 완제품의 물류를 의미하는 판매물류로 나누어진다. 조달물류는 공급업체가 원자재나 부품을 제조업체의 자재창고에 입고하는 활동을 의미한다. 판매물류는 완제품의 판매와 관련되는 물류로 제조업체의 제품창고에서 도매상이나 소매상 물류센터로의 배송, 도매상 물류센터에서 소매상 물류센터로의 배송, 소매상 물류센터에서 주문 고객으로의 배송 등을 의미한다.

2.2 소매상의 구매력

제조업체와 중간상 간의 관계에 있어서 제조업체가 도매상에 공급하는 경우도 있고, 도매상을 거치지 않고 직접 소매상에 공급하는 경우도 있는데, 둘 중 어느 쪽인가는 전적으로 소매상의 구매력에 의해

결정된다. 즉, 구매력이 큰 대형 소매업체인 경우에는 제조업체로부터 직접 납품을 받지만 중소규모 소매업체인 경우에는 제조업체와 직접 거래하지 못하고 도매상으로부터 납품을 받는 것이 일반적이다. 따라서 대형 전자상거래업체나 체인화가 되어 있는 백화점, 대형마트, 편의점, 기업형 슈퍼마켓, H&B 스토어 등의 대형 오프라인 소매업체는 거의 예외 없이 제조업체로부터 납품을 받고 있는 반면, 소규모 전자상거래업체나 중소슈퍼, 전통시장 매장 등은 제조업체와 직접 거래하지 못하고 주로 도매상과 거래한다.

2.3 오프라인 유통업체 vs 전자상거래업체

물류는 소매상이 오프라인기업인지 혹은 전자상거래업체인지에 따라서도 크게 달라진다. 왜냐하면 소매상이 오프라인기업인 경우에는 고객이 매장에 와서 직접 구입하기 때문에 고객에게 배송하는 과정이 필요하지 않지만 전자상거래업체의 경우에는 상품을 고객이 지정한 장소까지 배송하여야 하기 때문이다. 대형 오프라인 유통업체와 대형 전자상거래업체를 비교해보면 두 유형의 기업은 제조업체로부터 직접 납품을 받는 것은 동일하다. 하지만 그 다음 단계부터는 상당한 차이를 보인다. B2B 물류를 수행하는 대형 오프라인 유통업체는 하루에 정해진 횟수만큼 정해진 제품의 정해진 물량을 출하하면 되기 때문에 출하량을 산출하고 계획하는 것이 그다지 어렵지 않다. 하지만 B2C 물류를 소화해야 하는 대형 전자상거래업체는 수많은 고객에게 일일이 상품을 배송하여야 하기 때문에 물류과정이 훨씬 길고 복잡하며 배송해야 할 물량을 예상하기도 훨씬 힘들다. 따라서 전자상거래업체는 대형 오프라인 유통업체에 비해 훨씬 더 정교하고 훨씬 더 규모가 큰 물류센터와 훨씬 더 정교한 물류시스템을 구축하고 있어야 하며, 이러한 인프라가 신소매의 진행과정에서 대형 오프라인 유통업체를 압도할 수 있는 밑바탕이 된다.

3. 물류/물류센터와 유사한 개념

3.1 로지스틱스

물류와 유사한 개념으로 군사 부문에서 유래한 로지스틱스(logistics ; 병참)가 있다. 로지스틱스의 원래의 의미는 "군대, 무기, 탄약, 식량 등을 조달하고 운송하는 활동"이다. 많은 문헌에서 물류와 로지스틱스를 구분하면서 물류는 주로 판매물류를 의미하고, 로지스틱스는 여기에 조달물류까지 포함하며, 물류가 주로 물류비(운송비, 보관비 등)의 절감에 초점을 두고 있는 반면, 로지스틱스는 비용절감은 물론 매출증대 등과 같은 보다 전략적인 측면에도 초점을 두고 있는 것으로 규정하기도 한다. 하지만 물류의 개념이 조달물류를 포괄하고 있고, 또한 전략적인 수단으로서의 물류의 중요성이 강조되면서 현재는 물류와 로지스틱스를 엄밀하게 구분하지 않고 혼용하여 사용하는 것이 일반적이다.

3.2 풀필먼트센터

풀필먼트(fulfilment)의 사전적인 의미는 '약속 이행'이다. 따라서 풀필먼트센터는 "약속의 이행을 실천에 옮기는 장소"라는 뜻인데, 이때 약속은 고객과의 약속, 더 구체적으로는 고객이 주문한 물건을 정해진 시간 내에 고객이 지정한 장소로 배송하겠다는 약속을 의미한다. 또한 이때의 고객은 법인고객이 아닌 개인고객을 의미하고, 따라서 풀필먼트센터는 온라인에서 B2C 업무를 수행하는 전자상거래업체에 특화된 물류센터를 의미한다. 전자상거래업체의 물류는 상대적으로 적은 종류의 상품을 대량으로 배송하는 오프라인 유통업체의 물류와는 근본적으로 다르다. 왜냐하면 전자상거래에서는 수십만, 수백만 건의 SKU를 실시간으로 관리하면서 상품을 일일이 개별 포장하여 라스트마일 배송까지 매끄럽게 연결시켜야 하기 때문이다. 따라서 전자상거래에서는 보다 첨단화된 시설과 시스템을 바탕으로 신속한 업무처리, 실시간 재고 파악, 철저한 고객접점관리 등이 요구된다. 즉, '풀필먼트센터'라는 용어에는 실시간 재고 파악, 신속한 배송, 철저한 고객접점관리 등을 충실히 수행하겠다는 전자상거래업체의 의지가 반영되어 있다고 할 수 있다. 이러한 이유로 전자상거래업체를 중심으로 점차 물류센터라는 용어 대신 풀필먼트센터라는 용어가 쓰이고 있다.

첨단화된 풀필먼트센터를 구축하고 전자상거래 사이트에서 물건을 판매하는 사업자들을 대상으로 풀필먼트서비스를 제공하는 업체들도 생겨나고 있다([글 6-1] 참조). 예를 들어 아마존은 '풀필먼트 바이 아마존(Fulfilment By Amazon : FBA)'이라는 이름으로 자사 쇼핑몰에 입점한 판매자들을 대상으로 일정한 수수료를 받고 재고관리는 물론, 주문을 받은 경우에 필요한 포장, 배송, 고객문의 대응 등의 서비스를 제공하고 있다. 이러한 서비스를 통해 중소규모의 판매자는 판매과정에 수반되는 부담을 대폭 줄일 수 있다. 풀필먼트센터와 관련한 또 하나의 흐름은 전자상거래업체들이 오프라인 유통업체와의 연계를 통해 오프라인 유통업체의 매장을 라스트마일 배송을 위한 전진기지로 활용하는 사례가 늘고 있다는 점이다. 아마존은 2017년 8월 미국 내에 400여 개의 매장을 가지고 있는 유기농 식품업체 홀푸드(Whole Foods)를 인수하였는데, 이 업체의 매장들을 신소매 매장으로 탈바꿈시키는 것보다는 아마존의 신선식품 배송의 효율성 제고를 위해 미국 전역에 고르게 분포되어 있는 이 업체의 매장들을 풀필먼트센터로 활용하는 데 더 많은 관심을 가지고 있다.

글 6-1 물류스타트업기업의 풀필먼트서비스

인천의 물류스타트업 위킵이 18일 인천 동구에 제2풀필먼트센터를 오픈했다. 위킵은 전자상거래 물류 대행기업으로, 온라인에 상품을 판매하는 사업자를 대상으로 상품보관, 주문수집, 포장배송, 송장전송, CS처리 등 풀필먼트서비스를 제공하고 있다. 제2센터는 9월 제1센터가 인천 서구에 오픈한 지 3개월 만에 추가 오픈한 것으로 부지 8,177m^2, 연면적 4,889m^2 규모로 조성됐다. 위킵 풀필먼트센터는 국내 판매자들이 해외 판매몰에 상품을 판매할 때 저렴한 가격으로 제품을 배송할 수 있도록 했다. 그동안 아마존, 라자다, 큐텐 등에 상품 판매를 위해선 판매자가 직접 제품을 포장해 각 판매몰의 집하센터까지 별도 택배비를 부담해 제품을 배송해야 했지만 위킵 제2풀필먼트센터를 이용하면 물류대행비 1000원, 운송비 1000원이면 집하센터로 제품을 배송할 수 있다.

자료 : 인천일보, "잘나가는 위킵, 인천 동구에 '제2풀필먼트센터' 오픈," 2017년 12월 19일.

4. 신소매 선도업체의 물류시스템

중국에서 신소매를 선도하고 있는 알리바바와 징동은 물류 분야에서도 선두 자리를 놓고 각축을 벌이고 있다. 그런데 알리바바와 징동의 물류시스템 구축방식은 매우 상이하다. 알리바바는 외부업체들과의 연합을 통해 보관 및 운송 업무를 수행하는 방법을 채택하고 있는 반면, 징동은 보관과 배송을 위한 모든 물류시설을 스스로 갖추는 방법을 채택하고 있다. 즉, 알리바바는 외부업체들과의 협업을 통해 물류 생태계를 구축하고 있는 반면, 징동은 물류관련 업무를 내부화하고 있다. 따라서 알리바바의 물류시스템은 비용이 적게 들고 확장성이 뛰어난 장점이 있는 반면, 통제에 문제가 있을 수 있다는 단점이 있다. 반면에 징동의 물류시스템은 시간과 비용이 많이 소요된다는 단점이 있지만 강한 통제력을 발휘할 수 있다는 장점을 가지고 있다.

4.1 알리바바의 물류시스템

2016년 신유통을 제창한 알리바바의 마윈이 신소매를 "온라인과 오프라인 그리고 물류를 융합하는 것"으로 규정한 것은 원활한 물류가 없이는 온라인과 오프라인의 융합이 가능하지 않다는 점을 간파하였기 때문이다. 그렇지만 마윈이 물류를 강조하기 시작한 것은 그다지 오래되지 않았다. 즉, 2012년까지는 알리바바의 주력사인 타오바오와 티엔마오가 물류 업무까지 하는 것에 대해 반대하였다. 그러나 마윈은 2012년 쌍스이(双十一 ; 광군제)에 고객들이 주문한 물건의 배송이 2주 이상 걸리는 일이 발생하는 것을 목도하면서 낙후된 물류를 개선시켜야 한다는 생각을 갖게 되었다. 이를 계기로 알리바바는 2013년에 백화점으로 유명한 인타이그룹(银泰集团), 중국의 5대 물류기업인 쑨펑그룹(顺丰集团), 셴통그룹(申通集团), 원통그룹(圆通集团), 중통그룹(中通集团), 윈다그룹(韵达集团) 등과 공동으로 물류 전문회사인 차이냐오네트워크(菜鸟网络)를 설립하였다. 챠이냐오는 스마트물류기간망(智能物流骨干网)으로 중국 전역 24시간 이내 배송을 목표로 하고 있다.

알라바바의 챠이냐오에 대한 지분은 설립 시에는 47%였으나, 2017년 9월 53억 위안(약 9,000억 원)을 추가로 투자하여 지분을 51%로 늘리면서 경영권을 확보하였다. 차이냐오는 수많은 업체들과의 협력방식을 통해 물류사업을 추진하고 있다. 차이냐오는 100개 이상의 택배업체, 3,600개 이상의 간선 운송업체와 제휴하고 있으며, 라스트마일 물류를 위해 약 4만 6,000여 개의 '픽업 스테이션'을 보유하고 있다. '픽업 스테이션'은 택배 수령이 어려운 고객들을 위해 개인, 편의점, 대학 등과 제휴를 맺고 택배를 찾아갈 수 있도록 한 거점을 의미한다.

차이냐오는 이러한 방식으로 물류기업이지만 택배나 운송과 같은 전통적인 물류 업무는 외부소싱을 통해 해결하면서 플랫폼을 통해 브레인 역할을 수행하는 네트워크 물류 생태계를 구축하였다. 그렇다고 챠이냐오가 아무런 물리적 투자 없이 제휴에만 의존하고 있는 것은 아니다. 즉, 자동화 물류센터의 구축에도 나서면서 2017년 10월 말 현재 상하이, 천진, 저장, 광동, 후베이 등지에 8개의 로봇 물류센터를 가지고 있다. 여기에서도 운반 로봇, 분류 기계팔 등 다양한 로봇이 사용되고 있지만 징동의 자동화 물류센터와 같은 100% 자동화는 아니다. 차이냐오가 광동성의 휘조우(惠州)에 2017년에 설립한 스마트 물류센터는 200대의 로봇이 24시간 작업하는 시스템을 갖추고 있다. 로봇끼리 정보를 교류하면서 작업을 분배하기 때문에 별도의 통제 작업이 필요 없으며, 하루에 100만 건 이상의 화물을 처리할 수 있다([글 6-2] 참조). 차이냐오는 신소매에 부응하는 신물류를 구축하기 위해 2023년까지 향후 5년 동안 스마트 물류센터, 스마트 배송, 글로벌 슈퍼 물류허브 등 핵심 물류 분야에 1,000억 위안(약 17조 원)을 투자할 것이라고 선언하였다.

글 6-2 차이냐오 스마트 물류창고의 정경

차이냐오의 물류센터로 들어오는 바코드 형태의 주문서에는 주문한 물건의 창고 내 위치, 물건 포장에 필요한 박스의 사이즈 및 필요 개수, 해당 시간에 배송지로 가장 빨리 갈 수 있는 택배 차량정보 등이 담겨 있다. 주문서를 수령한 직원은 주문서를 상품을 담을 박스에 붙이고 이를 컨베이어밸트에 올려 이동시킨다. 이동 중에 카메라로 바코드를 인식하여 상품이 위치한 창고로 박스를 이동시킨다. 창고에는 상품 진열대를 들어서 옮길 수 있는 로봇이 있으며, 이 로봇들이 주문한 상품이 있는 상품 진열대를 직원에게 가져오고 직원은 상품을 집어 박스에 담는다. 자동청소기처럼 생긴 이 로봇은 360도 회전이 가능하고 500kg 이상의 물건을 들 수 있다. 또한 서로 통신을 주고받으면서 충돌을 피하고, 배터리가 떨어지면 일정 장소로 이동하여 스스로 충전한다. 상품이 모두 담긴 박스는 일정 장소에 옮겨져 확인하는 과정과 테이핑과정을 거친다. 그런 후 다시 컨베이어벨트에 올려져 배송 구역별로 분류되어 배송 구역으로 옮겨지고 이곳에서 배송 트럭에 실린다.

4.2 징동의 물류시스템

징동은 자사의 가장 큰 무기가 '물류'라고 공언하고 있다. 2010년에 '211프로젝트(211限时达)'를 발표했는데 이는 오전 11시 전에 주문한 제품은 당일에 배송을 완료하고, 그 후부터 오후 11시까지 주문한 제품은 다음 날 오후 3시 내로 배송한다는 것을 핵심적인 내용으로 하고 있다. 징동은 이와 같은 목표를 실현하기 위해 필요한 공급망시스템이나 배송조직을 모두 자체적으로 보유하는 방법을 선택하였다. 2017년 말을 기준으로 징동의 배송인원은 6만 명을 넘어섰다. 징동은 2007년부터 자체적인 물류관련 시설을 구축하기 시작하였으며, 2016년 11월에는 물류 부문을 징동으로부터 독립시켜 '징동물류'라는 이름의 자회사를 설립하였다.

징동은 2017년 말을 기준으로 중국의 모든 지역을 커버할 수 있는 405개의 대형창고를 가지고 있는데, 그 면적이 무려 900만m²에 이른다. 이러한 노력으로 징동의 공급망 인프라는 중국 최대규모를 자랑한다. 그 결과 징동은 제조업체로부터 직접 물품을 매입하여 자체 물류창고를 통해 구매자에게 배송하는 직배송 비율이 총거래량의 60%에 이르고 있다. 이러한 직배송은 고객의 신뢰를 얻는 데 결정적인 역할을 하고 있으며, 그 결과 징동의 B2C 시장점유율이 2015년 말 21%에서 2017년 상반기 33%로 급격히 상승하였다. 또한 징동은 물류 업무의 자동화를 지향하고 있는 것으로도 매우 유명하다. 2017년 10월 세계 최초로 물류의 모든 과정을 자동화한 물류센터의 가동을 개시하였다. 상해에 위치한 이 물류센터의 면적은 4만m²이며, 상품의 입고에서 적재, 피킹, 포장, 출고까지 모든 과정을 로봇팔, 로봇, 초고속

리프트, 무인운반차(AGV) 등을 활용해 완전히 자동화했다([글 6-3] 참조). 여기에서는 매일 20만 건이 넘는 주문을 처리할 수 있다.

글 6-3 징동 자동화 물류센터의 정경

제조업체 등 외부로부터 들어온 상품이 컨베이어벨트 위에 올려져 로봇팔이 있는 곳으로 다가오면, 로봇팔 옆에 위치한 카메라를 통해 부피측정과 외관검사가 이루어진다. 외관검사에서는 상품 포장에 붙어 있는 바코드를 스캔하여 어떤 상품이 들어왔는지를 파악한다. 그런 후, 로봇팔이 빨판을 이용하여 그 상품을 입체창고로 향하는 컨베이어벨트 위의 상자로 옮긴다. 상자 바깥쪽에는 해당 상품의 바코드와 동일한 바코드가 붙어 있다. 상자는 약 20m 높이의 입체창고로 옮겨져서 보관된다. 주문이 들어오면 입체창고에서 보관되어 있는 해당 상품을 담은 상자를 찾아 로봇팔이 있는 장소로 옮긴다. 로봇팔은 해당 상품을 들어올린 후 카메라를 통해 상품을 꺼내 오는 작업이 제대로 이루어졌는지를 확인한다. 그런 후 상품은 컨베이어벨트 위에 올려져 포장작업장으로 이동되고, 그 곳에서 다양한 기계들에 의해 포장이 이루어진다. 포장이 끝나면 운송장을 부착한 후 지역별 분류작업장으로 이동시킨다. 분류작업장에 상품이 도착하면 로봇팔이 상품을 자동청소기처럼 생긴 분류로봇 위에 올려놓는다. 분류로봇은 바닥에 백 개가 넘는 정사각형 형태의 구멍이 뚫려 있는 넓은 장소로 이동해서 상품을 각 지역별로 구분되어 있는 구멍에 떨어뜨린다. 떨어진 상품은 아래층에 준비된 상품자루에 담긴다. 일정 수량이 담기면 자루는 자동으로 이동되어 무인운반차 위에 올려진다. 무인운반차는 배송을 위한 장소로 상품자루를 옮긴다. 모든 작업이 끝난 상품은 차량으로 옮겨져 배송된다. 고객의 주문에서 상품이 출고되기까지 걸리는 시간은 약 40분에 불과하다.

자료 : 유튜브, "全球首个全流程无人仓," https://www.youtube.com/watch?v=gU-THwGHrAo.

4.3 배송의 무인화

신소매 선도업체들은 배송의 효율을 높이기 위해 드론, 배송로봇, 무인트럭 등 무인배송 수단들을 다양하게 시도하고 있다. 알리바바는 2015년도부터 드론 배송 시범서비스를 시작하였고, 2016년에는 배송로봇을 개발하여 사내 단지에서 운영하였다. 징동은 2016년 5월 'X사업부'를 설립하여 본격적으로 스마트 물류에 주력하고 있다. 즉, 드론 전용 공항 및 운영센터를 건설하고, 자체 개발 무인배송차량을 도입하는 등 다양한 방식을 도입함으로써 중국의 무인배송혁명을 선도하고 있다. 무인배송서비스는 특히 차가 닿기 힘든 농촌이나 섬지역에 배송을 가능하게 할 수 있고, 수송시간을 반으로 줄임으로써 물류비용을 절감시킬 수 있다는 장점이 있다.

참고문헌

박찬욱(2017), 실전 유통론, 도서출판 청람, 427-429

박찬욱(2014), 고객관계관리, 도서출판 청람, 45.

한승희, "알리바바와 징동 사례로 살펴보는 '2017 중국 전자상거래'," 2018년 1월 2일, 플래툼, http://platum.kr/archives/93608.

뉴스핌, "'직원은 출타중' 무인 물류 대륙 유통업계 강타," 2017년 8월 28일.

모이자한국, "주문 30분 내 車에 적재… 물류제국 알리바바," 2016년 9월 23일.

물류매거진, "포커스/신유통시대 주목해야 할 3無 기술," 2017년 12월.

블로그, '글로벌 클라우드 공급망관리' 시장보고서 개요, http://www.sbdi.co.kr/cart/shop/item.php?it_id=1492405704.

월간 물류와 경영, "온라인 쇼핑, '풀필먼트' 주목하라," 2016년 8월 17일.

유튜브, "全球首个全流程无人仓," https://www.youtube.com/watch?v=gU-THwGHrAo.

인천일보, "잘나가는 위킵, 인천 동구에 '제2풀필먼트센터' 오픈," 2017년 12월 19일.

CLO, "[차이나 리포트] 직접물류의 징동 vs 간접물류의 알리바바, 커머스판 승자는 누가 될까," 2016년 11월 25일.

NSP통신, "징동, 아마존 전략 이익창출 성공 B2C 강자," 2017년 12월 7일.

虎嗅网, "都是智慧物流, 阿里和京东的玩法究竟有何不同?, "2017年 11月 22日。

周永庆 · 吴礼勇(2018), 新零售 打造商业新生态, 中国铁道出版社, 33-39.

中国经济网, "全国最大的机器人仓库在惠州开始投入使用," 2017年 8月 6日。

왕양, "알리바바와 징동의 물류 후반전, 왜 시시한 게임인가?," 2017년 12월 1일, 원아시아, http://kr.oneasia.net/2017/12/01.

CHAPTER 07

신소매와 공급망관리

CHAPTER
07

신소매와 공급망관리

1. 공급망관리의 개념

공급망관리(Supply Chain Management : SCM)에서의 '공급망(Supply Chain)'은 '원자재와 부품을 활용하여 완제품이 생산되고 완제품이 중간상을 거쳐 소비자에게 판매되기까지의 과정에 참여하는 모든 유통경로 구성원'을 의미한다. 즉, '공급망'은 원자재/부품 공급업체, 완제품 제조업체, 도매상, 소매상, 배송업체, 보관업체 등 특정 상품의 생산 및 판매과정에 참여하는 모든 주체들을 포괄하는 개념이다. 공급망을 상류(上流)와 하류(下流)로 나누기도 하는데 상류에는 상품의 제조와 관련된 공급업체와 제조업체가 포함되고, 하류에는 소비자에게 제조된 상품을 판매하기 위한 조직인 도매상, 소매상 등이 포함된다. 따라서 공급망관리(SCM)는 "모든 유통경로 구성원을 대상으로 하는 관리"를 의미한다.

그런데 기업경영에서 '관리'라고 하면 통상적으로 개별 기업에 의한 관리를 의미하지만 SCM에서의 관리는 개별 기업에 의한 관리가 아니라 공급망을 구성하는 다양한 유통경로 구성원들의 협력을 바탕으로 한 공동관리를 의미한다. 또한 관리의 목적도 개별 기업 차원에서의 수익을 극대화하는 것이 아니라 공급망 구성원 전체의 수익을 극대화하는 데 있다. 즉, SCM은 유통경로 구성원 전체의 차원에서 전략적 제휴를 바탕으로 통합적으로 수행되는 물류관리를 의미한다. 따라서 효율적인 SCM의 구축을 위해서는 개별 기업 차원에서의 내부적 통합은 물론, 공급망 전체의 정보흐름을 담보할 수 있는 외부적 통합이 반드시 수반되어야 한다.

SCM에서는 특히 제조업체와 유통업체 간의 전략적 제휴관계가 강조되고 있다. 이러한 의미에서 SCM은 특정 상품에 대한 물류관리의 수행 주체가 개별 기업에서 유통경로 구성원 전체로 확장된 개념이라고 할 수 있다. 또한 SCM은 광범위하게 이루어지고 있는 '제3자 물류'와도 구분된다. 제3자 물류가 화주업체(주로 제조업체)와 물류업체(배송/보관업체) 간의 전략적 제휴라고 하면, SCM은 공급업체, 제조업체, 유통업체, 물류업체 간의 전략적 제휴, 그 가운데에서도 특히 제조업체와 유통업체와의 전략적 제휴라고 할 수 있다. SCM이 활성화되면서 개별 기업 간의 경쟁은 점차 공급망 간의 경쟁으로 대체되고 있다. 이러한 논의를 바탕으로 SCM은 다음과 같이 정의될 수 있다.

즉, 공급망관리(SCM)는 원자재/부품 공급업체, 완제품 제조업체, 유통업체, 물류업체 등 모든 유통경로 구성원들의 협력을 바탕으로 정보기술을 활용하여 재고관리, 운송관리, 창고관리 등의 물류관리활동을 통합적으로 수행함으로써 고객서비스를 극대화하는 한편, 각 구성원들의 경쟁력을 강화시키려는 활동을 말한다.

SCM의 개념은 1990년대 초에 등장하기 시작하였는데 이 개념이 등장한 가장 중요한 배경으로는 시장의 불확실성이 증가하고 경쟁이 치열해지는 환경에서 개별 기업의 노력만으로는 경쟁력을 향상시키기가 힘들어졌다는 점을 들 수 있다. 예를 들어 제조업체의 입장에서 생산활동을 아무리 훌륭하게 수행한다고 하더라도 공급업체로부터의 원자재/부품의 공급이나 유통업체로부터의 주문에 불확실성이 존재하면 적정 물량의 생산이 이루어질 수 없다. 이렇게 되면 재고과잉이나 재고부족 현상이 발생하면서 과다한 재고비용이나 고객서비스의 품질 저하로 이어지게 된다.

이를 극복하기 위해 제조업체는 유통업체와 공급업체로부터 생산계획에 반영할 수 있는 정보를 공급받아 적정량의 상품을 안정적으로 생산함으로써 적정 재고를 유지할 수 있고, 공급업체와 유통업체도 불확실성을 줄임으로써 보다 효율적인 생산 및 판매활동을 전개할 수 있다. 결론적으로 SCM은 "완제품에 대한 수요와 공급을 일치시키기 위한 활동"이라고 할 수 있다. 따라서 SCM수준에 대한 평가는 공급망

그림 7-1 ›› SCM의 목표

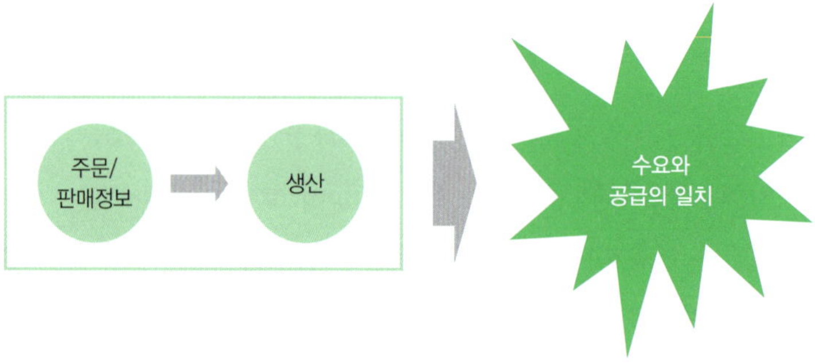

이 수요와 공급을 일치시킬 수 있는 메커니즘을 가지고 있는가의 여부에 따라 이루어질 수 있다([그림 7-1] 참조). SCM이 잘 이루어지면 기업들은 재고비용과 운영비용을 절감시킬 수 있고, 동시에 소비자에게는 원하는 상품을 적기에 공급함으로써 고객서비스의 수준을 향상시킬 수 있다.

2. 신소매에서의 공급망관리 플랫폼

공급망관리가 원활하게 이루어지기 위해서는 생산, 물류, 소매 등을 포괄하는 플랫폼을 통한 유통업체, 제조업체, 공급업체 간의 긴밀한 소통이 가장 핵심적인 요소이다. 인터넷기술을 바탕으로 하고 있는 신소매 시대에는 클라우드 컴퓨팅기능을 탑재한 클라우드 플랫폼이 이러한 기능을 수행할 수 있다. 클라우드 플랫폼은 공급업체, 제조업체, 유통업체, 소비자 등으로부터 정보를 수집하여 빅데이터 분석 등을 통해 수요예측, 주문계획 등에 대한 업무를 수행하고 이를 바탕으로 공급업체, 제조업체, 유통업체에게 수행해야 할 업무를 지시한다([그림 7-2] 참조). 즉, 공급망의 모든 업무는 클라우드 플랫폼을 통해 통제된다. 공급망과 관련한 모든 업무가 클라우드 컴퓨팅 환경에서 실현되기 때문에 이를 클라우드 공급망관리(cloud SCM)라고 부르기도 한다([글 7-1] 참조) .

그림 7-2 ➾ 신소매에서의 클라우드 플랫폼을 활용한 공급망관리

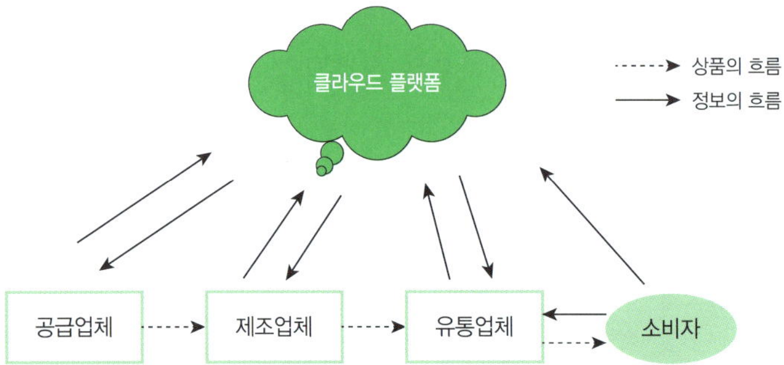

자료：周永庆 · 吴礼勇(2018), 新零售：打造商业新生态, 中国铁道出版社, 34, 38。

글 7-1 클라우드 공급망관리

MarketsandMarkets사의 2017년 조사에 따르면 클라우드 공급망관리시장은 2016년 32억6천만 달러에서 2021년엔 80억7천만 달러 규모에 이를 것으로 예상되었다. 전세계적으로 기업들 사이에서 클라우드 SCM에 대한 인식이 높아지고 있는 것과 함께 운영비용 절감에 대한 필요성이 높아지고 있는 것이 클라우드 SCM 수요를 이끄는 요인이 되고 있다. 기업들의 클라우드 SCM서비스 사용은 확장성 향상, 인프라비용 절감, 신속한 시스템 구축, 생산성과 성능 향상, 시간과 손실비용 감소 등과 같은 이점으로 인해 증가했다. 소매업과 도매업은 전망기간 동안 가장 높은 연평균 성장률을 보일 것으로 예상되었다. 소매업체와 도매업체는 클라우드 SCM을 사용해 디지털 공급망을 개선시키고 영업비용을 절감하는 새로운 방법을 개발하고 있다.

자료 : 블로그, '글로벌 클라우드 공급망관리' 시장보고서 개요, http://www.sbdi.co.kr/cart/shop/item.php?it_id=1492405704.

3. 거래방식과 SCM

3.1 거래방식의 개요

SCM은 기업과 소비자와의 거래방식에 따라 그 형태가 크게 달라진다. 기업과 소비자와의 거래방식은 B2C와 C2B로 나누어질 수 있으며, 유통업체가 주도하고 있는 신소매에서의 거래방식은 B2C에서 C2B로 전환되는 추세에 있다. 'Business to Customer'를 의미하는 B2C는 유통업체가 상품이나 서비스를 제조업체로부터 조달하여 소비자에게 판매하는 방식을 의미하는 반면, 'Customer to Business'를 의미하는 C2B는 소비자가 자신이 원하는 제품을 생산업체에게 주문하여 구매하는 방식을 의미한다. 따라서 이 두 개의 거래방식 간에는 '생산 후 판매' vs '판매 후 생산'이라는 뚜렷한 차이점이 있다.

그런데 신소매에서 C2B의 개념은 보다 포괄적으로 사용되는 경향이 있다. 앞에서 기술한 바와 같이 C2B는 원래 고객의 개별적 주문에 의한 생산을 의미하지만 '소비자의 수요에 대한 상세한 분석'을 바탕으로 한 생산까지 포괄하는 개념으로 사용되고 있다. 여기에서 '상세한 분석'은 SKU(Stock Keeping Unit)와 같이 매우 작은 단위에 대한 분석이나 상당히 좁은 지역에서의 수요에 대한 분석까지도 이루어지는 수준을 의미하는 것으로 규정할 수 있다.

이러한 유형의 C2B는 엄밀하게는 '판매 후 생산'이 아니라 '생산 후 판매'의 거래방식이지만 그럼에도 불구하고 B2C가 아닌 'C2B'에 속하는 것으로 사용되고 있다. 이러한 방식으로 C2B의 의미가 확장된 것은 분석의 수준이 상세해질수록 개별적인 주문에 의한 생산에 수렴해 갈 수 있다는 생각이 바탕에 깔려 있기 때문이다. 이러한 의미에서의 C2B에서는 특정 SKU나 특정 지역에서의 예측 수요가 수만, 수십만이 아니라 수백 혹은 수천의 매우 작은 수량으로 나올 수도 있다. 이러한 유형의 C2B가 구현되기 위해서는 반드시 판매와 관련한 데이터베이스의 존재가 전제되어야 한다. 신소매에서는 주로 유통업체의 빅데이터 분석에 기반한 수요예측을 바탕으로 하는 C2B 거래방식이 논의되고 있다.

3.2 B2C 거래방식과 SCM

B2C에서는 제조업체가 설문조사, FGI(Focus Group Interview ; 집단심층면접) 등과 같은 전통적인 소비자조사 기법을 사용하여 소비자 니즈를 파악한 후 제품을 생산하고, 생산된 상품을 유통업체를 통해 판매하는 거래방식을 의미한다. 이러한 의미에서 B2B는 B2B2C로 이해될 수 있다. 유통업체는 제조업체의 생산과정에 거의 관여하지 않기 때문에 특정 상품의 성패는 전적으로 제조업체가 얼마나 잘 소비자 니즈를 파악하는가에 달려 있다. 니즈 파악이 원활하게 이루어지고 이를 반영한 상품이 만들어지면 제조업체는 높은 판매고를 올릴 수 있지만 반대로 니즈 파악이 잘 이루어지지 않았거나 니즈 파악이 잘 이루어졌다고 하더라도 상품 개발에 반영되지 않는다면 악성재고가 발생하여 어려움에 직면할 수 있다.

B2C 거래방식에서도 유통업체가 제조업체에게 판매 데이터를 제공

함으로써 생산활동이 보다 수요에 적합한 형태로 이루어지도록 조력하기도 하지만 기본적으로 유통업체는 제조업체가 생산한 상품 중에서 판매가 잘 이루어지는 상품을 주문하여 판매하는 역할을 수행한다. 이처럼 B2C 거래방식에서는 소비자의 수요와 공급을 일치시킬 수 있는 경로 구성원 간의 협력관계가 긴밀하다고 평가하기 어렵기 때문에 SCM의 수준은 낮은 단계에 머무르게 된다고 할 수 있다.

3.3 C2B 거래방식과 SCM

C2B는 소비자 니즈 파악의 주체와 방법에 따라 세 가지 유형으로 구분될 수 있다. [표 7-1]에서 유형 A와 유형 B는 제조업체가 주도하는 C2B이며, 유형 C는 유통업체가 주도하는 C2B이다. 이 가운데 제조업체가 주도하는 유형 A와 유형 B는 신소매 등장 이전에도 활성화되어 있는 유형이고, 유형 C가 신소매 시대에 새롭게 등장한 C2B 유형이라고 할 수 있다.

표 7-1 유형별 소비자 니즈 파악의 주체 및 방법

유형	소비자 니즈 파악의 주체	소비자 니즈 파악의 방법	비고
A	제조업체	고객의 개별적 주문	제조업체가 직접 배송 업무 수행
B	제조업체	판매량의 분석	제조업체가 오프라인 매장 운영
C	유통업체	빅데이터의 분석	유통업체가 제조업체에게 판매와 관련한 데이터 제공

3.3.1 유형 A : 제조업체의 대량맞춤생산

이 유형은 제조업체가 개별 소비자로부터 주문을 받은 후 생산을 하고, 생산된 제품을 고객에게 직접 배송해주는 유형을 의미한다. 개별 주문이나 상품의 수령이 제조업체의 매장에서 이루어지는 경우도 있지만 주문은 대부분 인터넷을 통해 이루어지고 상품수령은 제조업체의 배송서비스에 의해 이루어진다. 이러한 유형의 C2B를 실행하는 제조업체는 반드시 고객의 개별적 주문을 비용효율적으로 대응할 수 있는 대량맞춤(mass customization) 생산능력을 갖추고 있어야 한다. 대량맞춤 생산능력은 시간이 지날수록 제조업체의 경쟁력을 좌우하는 가장 중요한 요소가 되어가고 있다.

- 중국 최대의 가전제품 제조업체인 하이얼(海尔)은 고객에게 기능, 크기, 디자인, 구조 등 여러 방면에서 맞춤형 가전제품을 제공하고 있다. 고객은 하이얼의 '맞춤 플랫폼'에 등록을 한 후, 원하는 가전제품을 주문하면서 원하는 사양을 선택할 수 있다. 고객이 입력한 정보는 바로 하이얼의 공장으로 전송되고, 공장의 지능제조시스템은 주문정보를 해당 생산라인에 전송하여 생산이 이루어진다. 고객은 주문 후 불과 몇 분이 경과하면 자신의 사인이 들어간 냉장고의 견본을 PAD를 통해 볼 수 있다. 2016년에 맞춤 플랫폼을 통해 판매한 맞춤상품은 190만 대에 달했는데 이는 2015년에 비해 6배가 증가한 수치이며, 2017년에는 4개월 동안의 맞춤상품 판매량이 2016년 판매량에 육박했다.
- 중국의 의류업체인 쿠터스마트(酷特智能)는 양복, 셔츠, 캐주얼 바지 등을 생산하는 업체로 2007년에 창립되었으며, 청도에 본사

를 두고 있다. 이 회사는 10여 년 동안 3,000여 명이 근무하는 공장을 실험실 삼아 100조 개 이상의 판형을 확보하였으며, 이를 바탕으로 사람들의 다양한 체형의 99.9%에 부합할 수 있는 옷을 생산할 수 있는 능력을 갖추게 되었다. 이런 능력을 바탕으로 고객 개개인에 대하여 신체상의 결점을 감추고, 장점을 드러낼 수 있는 옷을 생산하여 판매하고 있다.

3.3.2 유형 B : 제조업체의 판매량 분석을 통한 상품생산

이 유형은 오프라인 매장을 소유하고 있는 제조업체가 매장에서의 판매량을 분석하여 각 제품의 수요를 예측하고 이를 바탕으로 생산을 하는 방식으로 운영되는 C2B 거래방식을 의미한다. 오프라인 매장은 제조업체가 소유하고 있는 경우도 있고, 프랜차이즈 가맹점인 경우도 있다. 이 유형의 가장 대표적인 사례로는 SPA업체를 들 수 있다. SPA(Specialty store retailer of Private label Apparel)는 미국의 의류브랜드 '갭(Gap)'이 1986년에 처음 도입한 사업모델로 의류 제조업체가 기획과 디자인, 생산, 유통, 판매의 모든 과정을 담당하는 의류 전문 체인점을 의미한다. SPA는 소비자의 요구에 부응하는 제품을 신속하게 상품에 반영시켜 비교적 저렴한 가격에 공급한다는 점을 특징으로 하고 있다. 즉, 고객수요에 따라서는 1~2주 만에 상품을 비교적 저렴한 가격에 공급하는 것이 가능하도록 하는 것이 가장 큰 특징이며, 그래서 '패스트패션(fast fashion)'이라고도 불리운다. 이러한 작업이 가능한 것은 모든 상품에 대한 판매량 데이터를 거의 실시간으로 확보하여 분석할 수 있기 때문이다. 대표적인 SPA업체로는 자라

(ZARA, 스페인), H&M(스웨덴), 유니클로(UNIQLO, 일본), 갭(Gap, 미국), 포에버21(FOREVER21, 미국), 지오다노(GIORDANO, 홍콩) 등이 있으며, 국내의 대표적인 브랜드로는 이랜드의 스파오, 미쏘, 후아유, 로엠, 제일모직의 에잇세컨즈, LF의 TNGT, 세정의 웰메이드 등이 있다.

3.3.3 유형 C : 유통업체의 빅데이터 분석에 기반한 상품생산

이 거래방식은 유통업체가 자사가 보유하고 있는 빅데이터를 분석하여 수요를 예측하고, 이를 바탕으로 주문을 함으로써 소비자의 수요에 부합하는 생산이 이루어질 수 있도록 하는 것을 의미한다. 제조업체도 주문을 받은 상품 수량을 근거로 부품 혹은 원료 공급업체로부터 적정 수량을 주문하여 조달받을 수 있다. 이렇게 되면 유통업체, 제조업체, 공급업체 모두가 재고의 부담이 없으면서도 주문받은 수량을 적기에 공급할 수 있다. 즉, 이러한 유형의 C2B 거래방식에서는 소비자에 대한 빅데이터를 보유하고 있는 대형 유통업체가 주도적인 역할을 수행한다. 수요예측을 위한 빅데이터의 분석에는 기계학습(machine learning)이 많이 사용되는데 기계학습의 특성상 빅데이터의 규모가 크면 클수록 정확한 예측치가 산출된다. 그래서 빅데이터의 수집 · 저장 · 분석능력은 점차 공급망관리를 위한 필수적인 요소가 되어가고 있다. 이 유형은 대형 온라인 유통업체가 주도하는 신소매에서 가장 보편적으로 사용되고 있는 C2B 방식이다.

- 이푸리 : 2001년에 설립된 중국의 여성의류 제조업체인 이푸리(伊芙丽 ; eifini)는 티엔마오의 빅데이터 분석 자료를 바탕으로

판매와 유행 추세를 파악하고 이를 바탕으로 생산계획을 수립함으로써 무재고 상황을 실현하고 있다. 여성의류의 경우 유행이 빠른 속도로 바뀌기 때문에 이푸리는 디자인 주기를 단축시켜 유행에 뒤지지 않도록 하고, 판매 상황에 따라 생산을 유연하게 운영하는 방식으로 이에 대응하고 있다. 그 결과 2016~2017년의 기간 동안 상품 기획에서 매장 진열에 걸리는 시간을 12일로 단축시켰다. 이 회사는 상품수명주기를 45일로 운영하고 있으며, 진열된 지 30일이 경과한 상품들은 바로 상설할인매장으로 보내진다.

- 네슬레 : 알리바바그룹의 물류 부문 자회사인 차이냐오(菜鸟)는 알리바바의 빅데이터를 이용하여 커피 제조업체인 네슬레에게 재고예측 및 실시간 공급부족 경보서비스를 제공하고 있다. 이러한 서비스를 통해 네슬레는 재고부족과 과잉재고 현상을 방지할 수 있게 되었으며, 2017년 광군제 기간에만 1천만 위안(약 17억원)의 공급망관련 비용을 절약할 수 있었다.
- 수닝과 가전제품 제조업체 : 수닝(苏宁)은 가전제품 전자상거래에서 시작하여 오프라인에도 적극 진출하고 있는 대표적인 온오프라인 통합 유통업체로 '중국 체인화기업 경영협회(中国连锁经营协会)'에서 매년 발표하는 '중국 체인화기업 100강'에서 줄곧 1위를 차지하고 있는 중국을 대표하는 유통업체 중 하나이다. 수닝은 제조업체와의 합작을 통해 C2B 공급망관리를 실현하고 있는 업체로도 유명하다([글 7-2] 참조).

글 7-2 수닝과 가전제품 제조업체 간의 C2B

지난 2월 21일 중국 상하이 상성로역 인근 '중국판 하이마트' 수닝의 체험형 매장 '클라우드'. 메탈 소재의 최신 가전들이 즐비한 와중에 하이얼(海尔)의 헬로키티(Hello Kitty)가 그려진 작은 세탁기가 전시돼 있다. 가로 52㎝, 세로 55㎝, 높이 93cm의 7.5kg짜리 속옷 전용 소형 세탁기다. 과연 수요가 있을까 싶은데 알고 보니 '수요를 정확히 확인하고 만든 제품'이란다. 지난해 하이얼이 사전 주문량 1만 대를 넘어야 생산하겠다고 하자 주문량이 2만 대를 훌쩍 넘어선 것이다. 이후에도 주문이 밀려들어 후속 생산까지 해야 했다. 쑤닝은 O2O를 통해 수요를 먼저 확인하고 생산, 판매하는 C2B전략을 적극 활용 중이다. C2B 생산을 통해 거둔 매출이 전체의 7%를 차지할 만큼 궤도에 올랐고 이 비율은 점점 높아지고 있다. 이미 하이얼과 합작한 헬로키티 세탁기 외에도 일렉트로룩스 자누시, 블롬베르크, HP 등 글로벌 브랜드들과 합작해 스마트 냉장고, 양문형 냉장고, 드럼세탁기 등을 맞춤생산했다.

자료 : 매경이코노미, "O2O로 승승장구 중국 1위 가전양판점 '쑤닝' 고객 각양각색 수요 잡은 비결은 'C2B'," 제1898호, 2017.3.8~3.14일자.

참고문헌

박찬욱(2014), 고객관계관리, 도서출판 청람, 44–49.

매경이코노미, "O2O로 승승장구 중국 1위 가전양판점 '쑤닝' 고객 각양각색 수요 잡은 비결은 'C2B'," 제1898호, 2017.3.8~3.14일자.

Chou, Christine(2018), "Nestle, Cainiao unveil new inventory solution designed for new retail," ALIZILA(News from Alibaba Group), February 13, 2018.

Ding, Jason, Bruno Lannes, and Larry Zhu(2017), "Delivering China's "New Retail Future"," Bain & Company.

天下网商, "C2B前还有S2b, 阿里要颠覆新零售时代的供应链？," 2017年 5月 30日。

周永庆 · 吴礼勇(2018), 新零售：打造商业新生态, 中国铁道出版社, 34, 38。

CHAPTER 08

신소매 신선식품마트

CHAPTER
08

신소매 신선식품마트

1. 신소매 신선식품마트의 개념과 의의

신소매 신선식품마트는 일반적인 오프라인 신선식품마트나 온라인 신선식품 매장과는 전혀 다른 방식으로 운영되고 있다. 신소매 신선식품마트는 신선식품(生鮮)이 주력상품이지만 가공식품도 취급하고 있고, 오프라인 매장이지만 스마트폰을 이용한 온라인 구입도 가능하며, 고객은 매장에서 구입한 신선식품을 바로 조리하게 하여 매장 내에 갖춰진 식탁에서 먹을 수도 있다. 또한 점포는 온라인 주문을 위한 배송센터로도 활용되고 있다. 즉, 신소매 신선식품마트는 마트+식당+전자상거래+배송센터의 기능을 모두 포괄하고 있는 매장이다. 또한 결제원이 없는 결제서비스, 첨단화된 상품정보 제공서비스, 30분 이내 배송서비스, 첨단 물류시스템에 기반한 저렴한 가격 등을 실현하여 고객에게 최상의 소비체험을 제공하고 있다.

매장환경이나 운영방식이 기존의 매장과는 확연히 구분되기 때문에 신소매 신선식품마트는 '기존 마트의 진화'가 아니라 '새로운 업태(業態)의 탄생'으로 평가받고 있다. 신소매 신선식품마트는 다른 어떤 신소매 매장보다도 중국의 소비자들이 신소매가 무엇인지를 가장 잘 체험할 수 있는 공간이라고 할 수 있다. 신소매 신선식품마트는 불과 2~3년 전에 출현하였지만 이미 많은 고객들을 확보하고 있으며, 발전 전망도 매우 밝은 것으로 평가되고 있다. 즉, 이 분야는 현재 신소매를 견인하는 역할을 하고 있다고 할 수 있으며, 그래서 많은 유통업체들이 수익성의 증대와 신소매 선도업체로서의 이미지 구축이라는 두 가지의 목표를 동시에 달성하기 위해 이 분야에 경쟁적으로 뛰어들고 있다.

2. 신소매 신선식품마트 참여업체

신소매 신선식품마트는 현재 중국에서 어느 부문보다도 더 많은 수의 온오프라인 대형 유통업체들이 참여하고 있는 분야이다([표 8-1] 참조). 중국의 3대 전자상거래업체인 알리바바, 징동, 수닝이 모두 참여하고 있고, 용회이마트(永辉超市), 부부가오(步步高), 다룬파(大润发), 바이리엔그룹(百联集团), 신화두(新华都), 티엔홍쇼핑몰(天虹商场) 등 대형 오프라인업체들도 다수 참여하고 있다. 더욱 흥미로운 것은 각 사의 미래 점포 개설 계획이 매우 공격적이라는 점이다. 알리바바는 2018년에 북경에서만 30개의 점포를 개설하겠다고 선포하였고, 2018년 초 현재 1개의 점포밖에 개설하고 있지 않은 징동은 3~5년

| 표 8-1 | 신소매 신선식품마트 개설 현황

상호	소속 (개점일자)	점포수(면적) (중심지역)	계획
허마시엔셩 (盒马鲜生)	阿里巴巴 2016.1.15.	36(4,500m²) (북경, 상해)	2018년 북경 주요지역에 30개 점포 출점
차오지우종 (超级物种)	永辉超市 2017.1.1.	38(500m²+) (복주, 심천)	2018년 100개 점포 개설 및 맨하탄, 실리콘밸리 등 해외진출
시엔쉬앤이 (鲜食演义)	步步高 2017.6.25.	18(230m²)	2018년 50개 점포 개설
스페이스 (sp@ce)	天虹商场 2017.1.21.	8(3,000m²) (심천)	sp@ce를 중심으로 마트 부문 신규진출, 3년 내 100~150개 점포 개설
수시엔셩 (苏鲜生)	苏宁 2017.4.27.	12(2,500m²)	2018년 50개 점포 개설, 2020년까지 중국 전역의 주요 도시에 306개 점포 개설
디치오강 (地球港)	复华商业集团 2018.1.20.	3(2,000m²)	2018년에 중국 8~10개 도시에 30~40개 점포 개설
7FRESH	京东 2018.1.4.	1(4,000m²)	3~5년 이내에 중국 전역에 1,000개 점포 개설
하이우회이 (海物会)	新华都 2017.5.10.	1(5,000m²)	–
다룬파요시엔 (大润发优鲜)	大润发 2017.7.7.	1(10,000m²)	도시 중심지에 3,000~4,000m² 규모의 점포 개설
바이리엔RISO (百联RISO)	百联集团 2017.6.26.	1(3,200m²)	–
쟝위셩시엔 (掌鱼生鲜)	美团 2017.7.19.	1(2,000m²)	–
징슈엔 (鲸选)	世纪联华 2017.8.15.	1(20,000m²)	–

자료 : 崔旭升, "盘点全国已开新零售超市 : 盒马鲜生、超级物种占过半," 联商网, 2018年 2月 3日。
搜狐财经, "2018新零售"四大家族"生鲜新布局," 2018年 4月 16日。

이내에 중국 전역에 1,000개의 점포를 개설하겠다고 선포하였으며, 수닝도 2020년까지 중국 전역의 주요 도시에 306개의 점포를 개설하겠다고 하고 있다.

이처럼 많은 업체들이 신소매 신선식품마트에 많은 관심을 갖는 이유는 무엇보다 수익성이 매우 뛰어나기 때문이며, 또한 이 분야가 소비자들에게 신소매 선도업체로서의 이미지를 각인시키는 데 매우 적합하기 때문이다.

3. 신소매 신선식품마트의 발전 배경

2016년 1월 알리바바가 허마시엔셩 1호점을 개점한 이래 많은 기업들이 앞다투어 이 시장에 진입하고 있는 요인으로 다음과 같은 점들을 들 수 있다.

- 오프라인 신선식품마트의 성장 가능성 : 중국에는 약 4천 개의 신선식품 전자상거래업체가 있는데 이 가운데 단 1%만이 수익을 올리고 있는 반면, 95%가 손해를 보고 있을 정도로 그 상황이 좋지 않다. 이는 몇몇 대형 전자상거래업체를 제외하고는 업체들이 가격, 품질, 산지, 배송 등 여러 방면에서 고객의 신뢰를 얻지 못하고 있기 때문이다. 그 결과 온라인 신선식품업체들의 시장침투율은 시간이 지나도 별 변화가 없이 2% 수준에 머무르고 있다. 이런 상황에서 오프라인 매장이 신선식품시장을 부흥시킬 수 있는 좋은 대안으로 떠 오르고 있다. 보스톤컨설팅그룹(BCG)과 알

리연구원(阿里研究院)이 2016년 공동으로 발간한 '중국 신선식품 추세보고서(中国生鲜消费趋势报告)'에 따르면 중국의 신선식품 소비는 여전히 오프라인을 중심으로 이루어질 것이며, 2020년에 이르기까지 오프라인 경로의 점유율은 75~85% 정도가 될 것이라고 보고하고 있다.

즉, 신선식품에 관해서는 오프라인이 대세를 점유할 것이라는 예상이 많은 업체들로 하여금 신소매 신선식품 매장의 개설에 나서게 하고 있다. 신소매 신선식품 사업에 참여하고 있는 업체들의 실제 판매실적도 매우 양호한 것으로 나타나고 있다. 알리바바의 허마시엔셩의 경우 단위 면적당 매출액이 일반슈퍼마켓의 3~5배에 달하는 것으로 나타났다. 알리바바의 경쟁사인 징동이 2018년 1월 개점한 7FRESH 1호점의 시험영업기간 동안 1일 평균 고객수는 1만 명, 매출액은 100만 위안(약 1억7,000만 원)을 넘어섰다. 푸화상업그룹(复华商业集团)은 2018년에 디치오강(地球港) 2호점을 청도에 개점하였는데 개점 당일 판매액이 40만 위안(약 6,800만 원)을 넘어서면서 단위 면적당 매출액이 일반슈퍼마켓의 4~5배에 달했다.

• 신선식품 부문에서의 물류의 중요성 : 중국의 유통업계에는 "신선식품을 얻는 자, 천하를 얻는다(得生鲜者得天下)"라는 말이 있는데, 이는 다른 어떤 상품보다도 신선식품의 물류관리가 어렵고 중요하기 때문이다. 따라서 물류 부문에 강점을 지니고 있는 유통업체라면 신선식품 분야를 도전해볼 만한 가치가 충분히 있는 영역이라고 판단하였을 가능성이 높다. 이러한 이유로 대형 유통업체들이 대거 이 시장에 진입한 것으로 보인다([글 8-1] 참조).

글 8-1 허마시엔셩과 물류

허마시엔셩은 마윈이 '신소매의 실험장'으로 키우고 있는 온 · 오프라인을 결합한 체험형 슈퍼마켓이다. 이 때문에 중국 언론들은 '알리바바의 새 아들'이라고 표현하기도 했다. 허마시엔셩의 강점은 바로 알리바바의 첨단주문 물류시스템을 기반으로 기존 전자상거래의 취약점으로 꼽혔던 신선식품 유통의 난제를 해결한 것. 허마시엔셩은 빅데이터에 기반해 신선식품 재고량을 적절히 조절하고, 가격도 온 · 오프라인 동일하게 낮추는 한편, 배송시간도 획기적으로 단축했다.

자료 : 아주경제, "600만 구멍가게 대박 불붙인 알리바바, 아마존이 떤다," 2017년 9월 20일.

- 신소매의 장점을 구현할 수 있는 좋은 무대 : 신소매 신선식품마트는 소비자들에게 신소매의 장점을 보여줄 수 있는 매우 좋은 무대가 되고 있다. 예를 들어 매장 내에서 전자상거래가 가능하게 하고, 계산원 없는 결제가 이루어질 수 있도록 하는 등의 활동을 통해 고객들이 온라인의 편의성과 신속성을 누릴 수 있도록 하는 한편, 마트에서 구입한 식품을 조리하여 즉석에서 먹을 수 있게 함으로써 오프라인의 현장감을 동시에 느낄 수 있도록 하고 있다. 이처럼 신소매 신선식품마트는 운영하는 업체의 상상력과 기량을 많은 소비자들을 대상으로 마음껏 펼칠 수 있는 좋은 무대라고 할 수 있다.

4. 대표적인 신소매 신선식품마트

여기에서는 여러 업체 가운데 가장 많은 점포를 가지고 있는 알리바바의 허마시엔셩과 용회이마트의 차오지우종, 그리고 알라바바의 숙적이라고 할 수 있는 징동이 운영하는 7FRESH와 중국의 하이마트라고 불리는 수닝(苏宁)의 수프레쉬에 대해 기술한다.

4.1 허마시엔셩

허마시엔셩(盒马鲜生)은 알라바바가 운영하는 신선식품을 취급하는 신소매 온오프통합마트를 의미한다. 그렇지만 신선식품만을 취급하는 것은 아니고 유제품, 음료 등 다양한 유형의 가공식품도 동시에 취급하고 있다. 매장면적은 점포마다 다르지만 약 5,000m² 정도이다. 이 정도의 크기이면 우리나라의 SSM(기업형 슈퍼마켓)에 비해서는 2~3배 이상 크고, 대형마트에 비해서는 약 2분의 1에서 3분의 1 정도의 크기가 된다. 허마시엔셩은 알리바바의 경쟁사인 징동(京东)의 물류 책임자였던 호우이(侯毅)에 의해 2016년 1월에 창립되었다. 창립시기는 허마시엔셩의 가장 강력한 경쟁업체인 용회이마트(永辉超市)의 차오지우종(超级物种)에 비해 1년 정도 앞선 것이다. 원래 허마시엔셩은 신선식품을 취급하는 오프라인마트에 불과하였지만 2016년 1월 알리바바가 1억5,000만 달러(약 1,600억 원)의 지분 투자를 하면서 환골탈태하는 변화과정을 거쳤다. 현재 허마시엔셩은 신선식품을 판매하는 마트인 동시에 고객이 고른 신선식품을 요리해주는 음식점이기도 하고, 온라인으로 주문한 물건을 배송해주는 전자상거래업체이기도 하다. 즉, 허마시엔셩은 마트, 음식점, 전자상거래 등이 결합된 과거에는 없었던 새로운 소매업태라고 할 수 있다. 2018년 2월 현재 상해(16개)와 북경(9개)을 중심으로 전국에 36개의 매장을 가지고 있으며, 2018년에는 북경지역에 30개 매장을 개설하려는 계획을 가지고 있다.

허마시엔셩 매장은 모두 6개 부문으로 나누어져 있다. 면적으로 보면 육류 10%, 유제품 10%, 야채 및 과일 15%, 해산물 20%, 가공식품 15%, 푸드코트 및 식탁공간 30% 등으로 구성되어 있다. 허마시엔셩의 가장 두드러진 특징 중의 하나는 해산물이나 육류를 고른 후 약간의 추가비용을 지불하고 조리를 의뢰한 다음에 기다렸다가 음식을 받아와서 매장 내에 비치된 식탁에서 바로 먹을 수 있다는 점이다. 고객들이 허마시엔셩을 찾는 가장 주된 이유 중의 하나는 자신이 직접 고른 신선한 해산물, 그 중에서도 특히 랍스터나 킹크랩을 바로 조리해서 먹기 위함이다. 해산물의 가격 또한 매우 저렴하다. 이렇게 허마시엔셩에서는 싼 가격에 신선하고 맛있는 음식을 바로 즐길 수 있기 때문에 인기가 매우 높다. 허마시엔셩이 신선식품을 저렴하게 판매할 수 있는 이유는 알리바바의 공급망관리가 매우 잘 이루어지고 있기 때문이다. 먼저 티엔마오(天猫)와의 공동구매를 통해 매입단가를 낮추었고, 해외 산지에서의 직접계약을 통해 중간마진을 없앴으며, 신선식품 유통을 위한 콜드체인시스템이 잘 갖춰져 있다.

고객들은 허마앱(盒马APP)를 이용하여 집에서는 물론 매장 내에서도 주문이 가능하다. 허마시엔셩의 온라인 판매비중은 약 50%에 달한다. 매장 내에서는 구매하고자 하는 상품의 QR코드를 스캔하여 바로 주문할 수 있다. 주문이 이루어지면 매장 직원은 주문된 상품을 찾아 일련번호가 부착된 쇼핑백에 넣고 지정된 장소에 올려놓는다. 그러면 그 쇼핑백은 매장 천장에 매달린 컨베이어를 통해 매장 옆에 위치한 배송센터로 옮겨지고, 쇼핑백에 담긴 상품은 매장에서 3km 이내의 지역에는 30분 이내에 배송된다. 즉, 허마시엔셩은 오프라인 매장인 동시에 온라인 주문의 배송센터로서의 기능도 겸하고 있다.

허마시엔셩은 2018년 3월 31일 영업시간과 관련하여 북경과 상해에 있는 25개점에서는 세계 최초로 '24시간 배송서비스'를 제공한다고 선언하였다. 즉, 밤 11시부터 아침 7시까지 점포는 문을 닫지만 허마앱을 이용한 주문은 24시간 가능하고, 언제 주문하든 3km 이내 지역 30분 이내 배송서비스는 여전히 받을 수 있다. 허마시엔셩의 또 하나의 중요한 특징은 고객은 반드시 알리페이를 이용해 결제하여야 한다는 점이다. 즉, 현금이나 신용카드를 사용할 수 없다. 따라서 이 매장을 이용하기 위해서는 반드시 사전에 허마앱을 다운받아야 하고 알리페이와도 연동시켜야 한다. 또한 계산원이 따로 있는 것이 아니기 때문에 스스로 상품의 바코드나 QR코드를 찍어 결제를 하여야 한다.

4.2 차오지우종

알라바바에게 허마시엔셩이 있다면 텐센트+징동 진영에는 차오지우종(超级物种)이 있다. 2017년 1월에 1호점을 낸 차오지우종은 텐센트와 징동이 각각 5%와 10%의 지분을 가지고 있는 용회이마트(永辉超市)가 운영하고 있다. 2018년 4월 현재 전국에 38개 매장이 있으며, 2018년 말에는 매장의 수가 100개를 돌파할 것으로 예상되고 있다. 차오지우종의 영어 명칭은 우수품종(super species)인데 이는 "매우 신선하고 우수한 새로운 업태"라는 의미를 담고 있다. 차오지우종은 허마시엔셩에 비해 면적이 작고 취급하는 신선식품의 종류도 적다. 가장 큰 특색은 연어공방, 랍스터공방, 소고기공방, 밀공방, 샐러드공방, 꽃공방 등 '조리를 하는 장소'를 의미하는 공방(工坊)이 매우 다양하다는 점이다. 운영 형태는 허마시엔셩과 상당히 유사하다. 매장은 가공식품이 주로 진열되어 있는 일반상품구역과 신선식품과 공방으로 구성된 식당구역으로 구분되어 있다. 물론 모든 상품은 배송이 가능하고 허마시엔셩과 같이 매장에서 3km 이내 지역이면 30분 이내 배송을 보장한다. 이 곳에도 계산원은 없으며 결재는 위챗페이나 알리페이로만 가능하다.

4.3 7FRESH

전자상거래 부문에서 알리바바를 극복의 대상으로 삼고 있는 징동은 신소매 신선식품 분야에서도 역시 알리바바의 허마시엔셩은 극복의 대상이다. 징동은 허마시엔셩보다 약 2년이 늦은 2018년 1월 4일 신소매 신선식품 매장인 '7FRESH'의 1호점을 북경에 개설하였다. 개설은 늦었지만 그 꿈은 매우 원대하여 2018년에는 허마시엔셩과의 주된 전장(戰場)인 북경 전역에 20~30개의 매장을 개설하고, 3~5년 내에 전국에 1,000개의 매장을 개설할 계획을 가지고 있다. 7FRESH는 매장의 이름이자 이를 운영하는 징동 자회사 이름이며 "일주 7일, 하루도 빠짐없이 신선한 식품을 공급합니다"라는 의미를 담고 있다. 매장의 면적은 4,000m²이며, 3,000개의 SKU 중 야채, 과일, 해산물 등 신선식품이 약 75%를 차지하고 있다. 허마시엔셩이나 차오지우종과 마찬가지로 즉석에서 요리를 해주는 서비스도 제공하고 있다. 그리고 신선식품이든 가공식품이든 혹은 즉석 조리서비스이든 모든 것을 징동이 직접 운영한다. 매장은 야채구역, 과일구역, 술/물/음료구역, 고기/달걀구역, 해산물구역, 냉동식품구역, 과자구역, 즉석 요리구역 등 모두 8개 구역으로 나누어져 있다. 고객들은 집에서는 물론 매장에서도 '7FRESH앱'을 활용하여 주문을 할 수 있다.

주문이 이루어지면 담당직원의 모바일 단말기에는 주문한 물건을 담기 위한 매장 내에서의 최단 경로가 표시된다. 담당직원은 주문받은 물건을 모두 담은 후 장바구니를 천장에 매달린 컨베이어시스템으로 연결되는 장소에 올려놓으면 된다. 이러한 방법으로 고객이 주문한 물건은 5분 내에 배송직원에게 전달되고, 지점에서 3km 이내의 지역에는 30분 이내에 배송된다. 1호점에는 약 200명의 배송직원이 있는데 이들은 모두 징동 물류부문의 자회사인 '징동물류'의 정직원들이다.

7FRESH는 이 외에도 온오프라인 실시간 동가(同價) 전자가격표, 과일의 재배 상황을 신속하게 알려주는 '스마트 매직거울', 안면인식 결제를 위한 자동 POS기, 매장에서 고객을 졸졸 따라다니는 원통형으로 생긴 무인쇼핑카(无人购物车) 등 다양한 첨단기술을 도입하고 있다. 이 가운데 '스마트 매직거울'은 세계 지도가 그려져 있는 거대한 유리판으로, 진열되어 있는 과일에 부착된 QR코드를 여기에 갖다 대면 원산지, 재배지의 분포, 당도, 크기 등 해당 과일에 대한 모든 정보

를 한눈에 볼 수 있다.

4.4 수프레쉬

가전제품 유통업체로 유명한 수닝(苏宁)은 2017년 4월 강소성(江苏省)의 쉬조우(徐州)에 수프레쉬(SuFresh ; 苏鲜生)라는 이름으로 신소매 신선식품마트를 개점하였다. 2018년 4월 현재 12개의 매장을 가지고 있으며, 2018년 말까지 점포수를 50개로 늘리고, 2020년까지는 306개의 점포를 운영한다는 계획을 가지고 있다. 점포의 면적은 약 2,500m^{2}로 허마시엔셩이나 7FRESH보다는 작고, 차오지우종보다는 크다. 전체 점포에서 즉석 조리부가 차지하는 면적은 400m^{2}로 전체의 1/6에도 미치지 못하지만 여기에서의 매출액은 전체 매출액의 약 55%를 차지하고 있다.

상품의 종류도 경쟁사들과 비슷한데 특징이 있다면 SKU의 약 30%가 수입품으로 구성되어 있다는 점이다. 구입방법도 경쟁사들과 비슷하다. 점포에서 직접 구매를 할 수도 있고, 온라인 주문도 할 수 있으며, 집에서 주문하는 것도 가능하다. 3km 이내 30분 배송서비스를 제공하고 있는 것도 동일하다. 매장에서 구매를 하는 경우에는 계산원이 없기 때문에 스스로 결제를 해야 한다. 물건을 셀프 계산대로 가져와서 결제를 한 후, 영수증을 출력하고, 마트 출구에서 이상이 없는 것으로 확인되면 바로 출구를 나서면 된다. 향후에는 지불방식을 더 편리하게 하기 위해 안면인식을 활용하는 방식을 도입할 예정이다.

참고문헌

뉴스핌, "포스트 전자상거래 '신소매', 중국 유통질서 재편 가속," 2017년 9월 1일.

물류매거진, "포커스/신유통시대 주목해야 할 3無 기술," 2017년 12월.

아주경제, "600만 구멍가게 대박 불붙인 알리바바, 아마존이 떤다," 2017년 9월 20일.

조선비즈, "中 전자상거래 빅2, 미래 걸린 '수퍼마켓 전쟁'," 2018년 4월 12일.

陈健玮, "新零售时代来临：为什么巨头纷纷布局线下生鲜领域？," 赢商网, 2017年 7月 11日。

崔旭升, "盘点全国已开新零售超市：盒马鲜生、超级物种占过半," 联商网, 2018年 2月 3日。

凤凰网青岛, "地球港生鲜超市首驻青岛 新零售开启采买逛吃新模式," 2018年 3月 14日。

和讯, "探店苏鲜生：店面没有盒马大, 野心却比盒马更大！," 2017年 12月 31日。

红商网, "2017年度, 搅局新零售十大"当红炸子鸡"," 2017年 12月 21日。

红商网, "生鲜战国：阿里京东都要"舍命狂奔," 2018年 1月 14日。

砍柴网, "生鲜+餐饮, 北京首家苏鲜生正式开业," 2017年 12月 29日。

联商网, "盘点全国已开新零售超市：盒马鲜生、超级物种占过半" 2018年 2月 3日。

搜狐财经, "2018新零售"四大家族"生鲜新布局," 2018年 4月 16日。

童慧光, "全面解读京东首家线下生鲜超市7FRESH, 2018年小目标覆盖全北京," 亿欧, 2018年 1月 5日。

中国连锁经营协会, "2017年中国连锁百强发布," 2018年 5月 10日。

36kr, "生鲜电商线上格局已定, 2018线下必有一战," 2018年 3月 15日。

CHAPTER 09

신소매와 무인판매

CHAPTER 09 신소매와 무인판매

1. 신소매 무인판매의 개념과 유형

1.1 신소매 무인판매의 개념

신소매 무인판매는 "계산원이 없는 오프라인환경에 온라인기반의 기술(모바일결제, 인공지능, 클라우딩 컴퓨팅, 빅데이터 등)이 접목되면서 이루어지는 판매"를 의미한다. 여기에서 '오프라인환경'에는 편의점이나 마트와 같은 매장은 물론 자동판매기나 가판대 등도 포함된다. 신소매 무인판매는 스마트폰결제가 보편화되고 클라우드 컴퓨팅이 용이하게 되면서 기술적 기반이 마련되었으며, 알리바바나 징동과 같은 전자상거래업체들의 오프라인시장으로의 진출이 가시화되면서 본격적인 성장기를 맞고 있다. 중국의 시장조사기관인 아이리서치(iResearch ; 艾瑞咨詢)의 보고서에 따르면, 중국의 무인판매 시장규모는 2017년의 200억 위안(약 3조4,000억 원)에서 연평균 약 50%씩 성장하면서 2020년에는 650억 위안(약 11조 원)을 돌파할 것으로 예상되었다.

1.2 신소매 무인판매의 유형

무인판매는 판매가 이루어지는 오프라인환경이 무엇인가에 따라 자동판매기, 무인가판대, 무인점포 등의 세 가지 유형으로 나누어질 수 있다. 자동판매기나 무인가판대는 대부분 지하철역, 쇼핑몰, 건물 내의 공간 등과 같은 개방된 공간이나 비전용(非專用) 공간에 설치되는 반면, 무인점포는 일정 면적의 폐쇄된 전용 공간에 만들어진다. 무인점포는 매장의 면적이나 취급하는 상품의 유형에 따라 다시 무인슈퍼, 무인편의점, 신소매 신선식품마트 등으로 나누어질 수 있다([그림 9-1] 참조). 신소매 신선식품마트는 넓은 범주에서는 무인마트에 포함될 수 있지만 되지만, 무인마트에 비해 매장 면적도 훨씬 크고, 독특하고 새로운 소매업태로 자리 잡으면서 이미 상당한 시장을 형성하고 있기 때문에 별도로 구분하였다.

무인판매의 세 가지 유형 가운데 무인점포는 첨단기술이 가장 많이 장착된 신소매 매장으로 소비자와 언론의 집중적인 관심 대상이 되고 있다. 미국의 무인슈퍼인 아마존 고(Amazon Go)는 신소매의 시발점이 된 것으로 유명하며, 회원제로 운영되는 무인편의점인 타오카페는 그 등장과 함께 젊은 소비자들의 집중적인 관심의 대상이 되었다. 또한 마트와 식당, 그리고 전자상거래 등의 세 가지를 합쳐 놓은 새로운 소매업태인 신소매 신선식품마트는 등장하자마자 대중의 인기를 끌며

그림 9-1 ➔ 신소매 무인판매의 유형

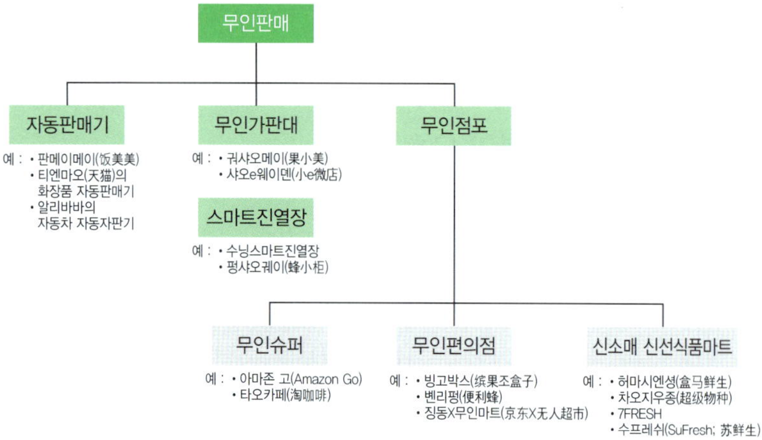

성업 중이다.

기술적인 측면에서 보면 자동판매기나 무인가판대는 개방된 공간이나 비전용 공간에 설치되기 때문에 QR코드, 스마트폰/신용카드 결제 등의 기술을 도입하는 정도로도 충분히 운영될 수 있다. 이에 비해 무인점포는 폐쇄된 공간에 만들어지기 때문에 고객의 입장 및 퇴장, 구매상품 인식, 결제 등과 관련하여 훨씬 더 많은 기술들이 요구된다. 무인점포에서 사용되는 주기술은 QR코드, RFID, 인공지능 등의 세 가지로 분류될 수 있다. 이 가운데 QR코드가 가장 단순한 기술로 주로 스마트폰앱으로 상품의 QR코드를 스캔한 후, 모바일결제 수단을 활용하여 결제하는 형태로 사용된다. RFID(Radio Frequency Identification ; 무선식별)는 대상물에 부착된 태그(tag)에 저장된 정보를 무선주파수를 이용하여 판독해내는 무선주파수 인식기술이다. 이를 이용하면 근거리에서 한꺼번에 많은 상품을 인식할 수 있기 때문에 결제, 재고관리 등에 효율적으로 사용될 수 있다. 인공지능은 가장 진화된 기술로 안면인식, 기계학습, 영상인식 등을 이용하여 고객식별, 구매상품 분석, 자동결제 등의 업무를 수행하는 데 사용된다. 본 장에서는 자동판매기와 무인가판대, 그리고 무인점포 중에서 무인슈퍼 및 무인편의점에 대해 기술하고, 신소매 신선식품마트에 대해서는 그 중요성을 감안하여 제8장에서 별도로 기술하였다.

2. 자동판매기

2.1 개요

자동판매기는 차지하는 면적이 매우 작기 때문에 비싼 임대료를 극복하면서 상품을 판매할 수 있는 좋은 수단이 되고 있다. 2016년 중국 내 자동판매기 숫자는 19만 대였으며, 매출액은 약 75억 위안(약 1조2,750억 원)을 기록했다. 오는 2020년에는 자동판매기 숫자는 110만 대, 매출액은 440억 위안(약 7조4,800억 원)으로 급성장할 것으로 예상되고 있다. 자동판매기는 이미 오래 전부터 있어 왔기 때문에 일견 신소매와는 거리가 멀어 보인다. 하지만 최근 들어 스마트폰앱으로 상품의 바코드나 QR코드를 스캔하여 상품을 선택하고, 모바일 결제 수단을 이용하여 결제하는 방식을 도입한 자동판매기가 등장하면서 자동판매기사업이 점차 신소매의 모습을 갖춘 형태로 진화하고 있다. 더 나아가 상품의 선택도 자동으로 인식하는 자동판매기도 있다.

예를 들어 알리바바 산하의 알리페이 및 지마신용(芝麻信用)이 상하이의 유통회사인 시티마트(城市超市) 및 신선식품 유통회사인 텐텐궈유엔(天天果园)와 함께 설립한 시티박스(City Box)의 경우, 고객은 알리페이앱으로 자동판매기의 문을 연 뒤 원하는 상품을 꺼내 가기만 하면 된다. 이때 구매한 상품은 센서로 자동인식되고, 결제는 알리페이를 통해 이루어진다. 최근의 자동판매기는 상품구색의 측면에서도 시대의 요구에 맞춰 기존과는 다른 획기적인 제품이나 서비스를 취급하기도 한다. 예를 들어 즉석에서 짠 과일주스, 즉석에서 갈은 원두커피, 다양한 메뉴의 따뜻한 식사 등을 제공하는 자동판매기도 등장했다. 또한 알리바바는 자동차의 시운전에서 구매에 이르기까지의 모든 과정을 자판기의 형태로 처리하는 새로운 자동차 판매방식을 도입하였다.

2.2 자동판매기 사례

2.2.1 판메이메이

판메이메이(饭美美)는 자동판매기를 이용하여 따뜻한 도시락을 판매하는 회사로 2014년에 설립되었다. 매일 점심 메뉴를 골라야 하는 직장인과 학생들이 주고객이다. 자동판매기는 주로 오피스 건물이나 지하철역에 설치되어 있으며, 매일 10개 정도의 도시락 메뉴가 업데이트된다. 영업 중인 자판기의 숫자는 2017년 말을 기준으로 30대에도 미치지 못하지만 참신한 아이디어로 많은 주목을 받고 있다. 이 회사의 자판기는 대당 약 5만 위안(약 850만 원)으로 다른 자판기에 비해 상당히 고가이다. 그렇지만 냉장 상태로 저장되어 있는 도시락은 자동판매기의 가열기능을 통해 거의 완벽하게 원래의 맛으로 복원된다. 또한 이 자동판매기는 그 날 팔리지 않은 도시락은 재고가 남더라도 판매를 중지시키는 기능을 가지고 있다. 고객은 이 회사의 모바일 앱을 이용하여 주문과 결제를 할 수 있으며, 도시락 포장지의 QR코드를 스캔하면 사용된 식재료의 산지도 알 수 있다.

2.2.2 티엔마오의 화장품 자동판매기

티엔마오는 알리바바의 자회사인 인타이백화점에 모바일결제기능과 함께 AR(증강현실) 및 안면인식기술을 도입한 화장품 자동판매기를 설치하여 고객들에게 참신한 체험을 할 수 있는 기회를 제공하고 있다([글 9-1] 참조). 이러한 시도는 자동판매기와 같은 전통적인 수단도 인터넷관련 기술이 접목되면서 신소매의 좋은 수단이 될 수 있음을 입증해주고 있다.

글 9-1 티엔마오의 화장품 자동판매기

2017년 7월 21일 알리바바 산하의 전자상거래 플랫폼 티엔마오(天猫)가 '티몰 색조메이크업' 축제를 맞아 항저우의 시후인타이(西湖银泰) 백화점에 화장품 자판기를 설치했다. 이 화장품 자판기는 티엔마오와 화장품 브랜드 마리다이자(玛丽黛佳), 슈에무라(Shuuemura)가 협력해 내놓은 '무인유통채널'이다.

이 자판기 내부에는 '가상메이크업 거울'이 설치돼 있다. 이 장비는 3D 시뮬레이션기술 및 안면인식기술을 통해 소비자가 실제 메이크업을 한 것과 똑같은 효과를 체험할 수 있다. 특히 1분 안에 5가지 색깔의 립스틱을 본인의 얼굴에 매칭시킬 수 있다. 화장품 구입을 원하는 고객들은 스마트폰을 통해 간편하게 구매할 수 있다. 자판기 앞에서 QR코드를 스캔하면 티엔마오에 입점한 화장품 업체의 모바일 웹페이지와 연동돼 결제가 진행된다. 특히 20~30대 여성들을 중심으로 '가상 메이크업 체험'이 인기를 끌며 자판기 화장품을 사려고 길게 줄을 서는 '진풍경'이 연출됐다. 전문가들은 화장품 자판기가 중국 유통업계에서 출현한 '신소매'의 한 유통 모델로 자리잡을 것으로 진단했다. 첨단기술인 증강현실(AR), 안면인식기술을 활용해 별도의 인력이 없이도 소비자들에게 색다른 체험을 제공했다는 분석이다.

자료 : 뉴스핌, "만족도 짱 색다른 체험, 화장품도 이제 자판기에서 산다," 2017년 7월 29일.

2.2.3 알리바바의 자동차 자동판매기

자동판매기를 이용하여 고가의 내구소비재를 판매하는 사례는 없었는데 알리바바는 내구재 중에서도 가장 고가에 속하는 자동차에 자동판매기의 개념을 도입했다. 고객은 이 자동차 자동판매기를 이용하여 시운전에서 구매에 이르는 모든 과정을 완료할 수 있다. 이러한 시도는 아직 시험 단계에 있지만 향후 자동판매기의 적용 범위가 크게 확장될 수 있음을 시사해주고 있다.

글 9-2 알리바바의 자동차 자동판매기

일반적으로 자동판매기라고 하면 음식 · 음료 · 간행물 등을 판매하는 무인판매기를 생각하게 된다. 중국 최대 전자상거래업체 알리바바가 미국 포드자동차와 손잡고 그 한계를 뛰어넘었다. 최근 알리바바와 포드자동차가 중국 광저우(广州 ; 광주)에 자동차 무인판매기를 선보였다. 양사는 지난 해 온라인 자동차 판매 및 인공지능(AI) 등 분야 협력에 대한 파트너십 3년 계약을 체결했다. 자동차 무인판매기는 당시 체결의 일환이다.

해당 자동차 무인판매기는 주차장을 여러 층으로 쌓은 형태로 외벽은 유리로 마감됐다. 층마다 보관돼 있는 다양한 포드자동차가 소비자의 선택을 유도한다. 소비자는 알리바바가 운영하는 전자상거래 플랫폼인 티몰(T-mall ; 天猫)의 애플리케이션을 다운받은 후 자동차 무인판매기의 슈퍼 테스트-드라이브 센터(Super Test-Drive Centers)에서 관련 서비스를 받을 수 있다. 알리바바는 "센터에서 간단한 등록 혹은 안면인식을 거친 후 자동판매기를 통해 시운전 및 구매를 할 수 있다"고 밝혔다. 정식 구매 전 시운전할 수 있는 기간은 최장 3일이다. 다만 차량 구매를 위해선 알리바바 슈퍼(Super) 회원이면서 지마신용(Zhima Credit ; 芝麻信用) 점수가 700점 이상 이어야 한다. 지마신용은 알리바바 산하 앤트파이낸셜(Ant Financial ; 蚂蚁金服)의 자체 신용평가기관이다. 이러한 조건에 충족한 소비자만 해당 서비스를 통해 차량을 구매할 수 있다고 알리바바는 밝혔다.

자료 : 봉황망코리아, "한계를 뛰어 넘다… 중국 알리바바-포드자동차 "자판기로 자동차 뽑는 세상 왔다"," 2018년 3월 27일.

3. 무인가판대

3.1 개요

무인가판대는 자동판매기와 마찬가지로 면적을 작게 차지하기 때문에 도시지역의 비싼 임대료를 극복할 수 있는 판매 수단이다. 무인가판대는 주로 오피스건물 안에 설치되며, 사무실에서 근무하는 직원들을 주고객으로 하고 있다. 취급품목은 주로 스낵, 빵, 음료수, 컵라면 등과 같은 가공식품이다. 사무실 직원들은 거의 매일 출근하여 8시간 이상 강도 높게 근무하고, 야근을 하는 경우도 많기 때문에 간단히 요기를 해야 할 경우가 종종 발생한다. 이 경우에 건물 내에 설치된 가판대가 없다면 밖으로 나가서 편의점이나 마트를 이용하거나 스마트폰을 이용하여 주문을 하여야 하는데 두 가지 방법 모두 즉시에 시장기를 해결해주지는 못한다. 무인가판대는 바로 이러한 틈새를 겨냥한 서비스라고 할 수 있다.

2018년 초를 기준으로 중국에서는 약 42개의 업체가 무인가판대사업을 전개하고 있다. 무인가판대사업이 중국에서 상당한 인기를 끌고 있는 것은 사무실 직원들의 니즈에 잘 부합하고 있다는 점 이외에도 투자비용이나 관리비용이 매우 저렴하다는 장점이 있기 때문이다. 가판대는 정밀한 기계가 아니기 때문에 투자비용이 적고, 설치를 원하는 사무실에 설치되기 때문에 임대료가 적거나 없으며, 외부에 설치되는 것에 비해 물품 도난의 가능성도 훨씬 낮다. 또한 개별 배송서비스를 제공하지 않기 때문에 물류비용이 크게 들지 않는다는 것도 큰 장점이다. 고객이 무인가판대에서 구입하는 방법도 매우 간단하다. 예를 들어 대표적인 무인가판대업체인 싱벤리(猩便利)에서의 구입 절차는 다음과 같다. 위챗을 열고 무인가판대에 찍혀 있는 QR코드를 스캔하여 싱벤리앱에 접속 → 싱벤리앱에서 '스캔구매'를 클릭하여 바코드 스캔 화면으로 전환 → 구매하려는 물건을 집어 바코드 스캔 → 물건을 다 고른 뒤 결제 버튼을 누르고 위챗페이로 결제한다. 그런데 무인가판대는 높은 상품 손실률을 보완하기 위해 점차 스마트진열장으로 바뀌어 가는 추세에 있다. 스마트진열장은 무인가판대와는 달리 문을 열어야 상품을 집을 수 있고, 이를 열기 위해서는 반드시 인증과정을 거쳐야 한다.

3.2 무인가판대 사례

무인가판대사업은 주로 스타트업기업들에 의해 설립되는 경우가 많으며, 치열한 경쟁 속에서 엔젤 투자 등을 통해 사업을 확장해 나가고 있다. 대표적인 업체로는 싱벤리(猩便利), 궈샤오메이(果小美), 샤오e웨이뎬(小e微店) 등이 있다([글 9-3] 참조).

글 9-3 무인가판대 사례

1 2017년 6월 창립한 궈샤오메이(果小美)는 사무실에 무인가판대를 설치하는 사업을 가장 먼저 시작한 업체 중의 하나이다. 창립 이후 6개월이 되기 이전에 5억 위안(약 8,500억 원)이라는 거금의 투자를 유치할 만큼 큰 관심을 받고 있다. 2017년 말을 기준으로 약 5,000개의 가판대를 운영하고 있는 것으

로 알려져 있다.

2 무인가판대 분야의 대표적인 업체인 샤오e웨이뎬(小e微店)의 CEO는 매체와의 인터뷰에서 "현재 중국 전역에 2,000여 곳의 빌딩에 입점한 상태"라며 "무인가판대 1곳당 월 평균 매출이 7,000위안 정도"라고 밝혔다. 샤오e웨이뎬은 베이징, 상하이, 선전 등 1선 도시에 진출해 25~40세 사이의 직장인들을 핵심 고객으로 삼고 있다. 가판대당 총 100여 종류의 상품을 판매하고 있고 마진율은 30%에 달한다. 올해 샤오e웨이뎬은 1억4,000만 위안 규모의 시리즈 A 투자에 성공하며 사업성을 인정받았다. 이 업체는 각 회사별로 잘 팔리는 '킬러상품'을 파악해 맞춤형 상품구성을 하고 있다. 또 빌딩별 고객들의 선호도 및 재구매율을 파악해 별도의 프로모션을 진행하고 있다. 이와 더불어 생활용품 유통업체인 왕이옌쉬안(网易严选)과도 손을 잡고 왕이옌쉬안의 상품을 무인가판대에서 유통시킬 계획이다. 이 두 업체는 핵심 고객층이 사무직 직장인이라는 점에서 시너지효과를 기대하고 있다. 향후 샤오e웨이뎬은 지속적으로 상품군을 확장하면서 각 빌딩별로 맞춤형 서비스를 제공한다는 방침이다. 올해 12월까지 중국 전역에 걸쳐 판매 장소를 1만여 곳으로 확대하면서 매출도 5,000만 위안까지 늘린다는 계획이다.

자료 : 王长胜, "成立半年便已融资5个亿, 果小美是如何做到的?," 搜狐, 2017年 12月 14日。
뉴스핌, "[신유통 트렌드] 사무실 내자리 옆에 들어온 무인가판대," 2017년 8월 31일.

3.3 스마트진열장

무인가판대는 비교적 안전한 오피스건물 내에 설치되지만 돈을 안 내고 물건을 집어가는 현상을 막기는 사실상 불가능하다. 실제로 무인가판대에서의 상품 손실률이 40%에 달한다는 보고도 있다. 이러한 단점을 극복하기 위해 무인가판대는 점차 스마트진열장(智能货柜)으로 바뀌어 가는 추세에 있다. 스마트진열장은 유리문이 달려 있는 진열장의 모습을 하고 있으며, 크기는 가로, 세로 각각 약 1.2m, 높이 약 2m 정도이다. 스마트진열장을 이용하려는 고객이 안면식별이나 모바일앱을 통해 인증과정을 성공적으로 거치면 진열장의 문이 자동으로 열리고, 이때 고객은 사고 싶은 물건을 꺼낸 후 문을 닫기만 하면 된다. 스마트진열장에는 RFID, 안면인식, 중력감응장치, 스마트재고관리기술 등 고급기술이 장착되어 있어서 무인가판대나 자동판매기보다 기술적인 측면에서나 고객체험 측면에서 훨씬 진화된 모습을 보이고 있다. 스마트진열장은 다음과 같은 특징을 지니고 있다.

- 스마트진열장은 문을 열지 못하면 상품을 꺼낼 수 없기 때문에 무인가판대의 최대 단점이라고 할 수 있는 도난 등에 의한 상품 손실률을 대폭 줄일 수 있다.
- 스마트진열장은 상품 손실률이 낮기 때문에 오피스건물 내부는 물론, 광장, 상가, 오락실, 병원, 지하철역 등 유동인구가 많은 장소에는 어디든지 설치가 가능하다.
- 무인가판대는 재고 상태를 눈으로 확인하여야 하지만 무인진열장은 스마트재고관리기술을 이용하여 원격지에서 실시간으로 재고점검을 하는 것이 가능하기 때문에 재고관리가 훨씬 더 용이하다. 따라서 재고 보충이 적시에 이루어질 수 있어서 매출 및 고객만족도 향상 측면에서 매우 유리하다.
- 스마트진열장은 냉장기능을 갖추고 있기 때문에 무인가판대보다 훨씬 더 다양한 상품을 취급할 수 있다.

물건을 구입하는 과정도 매우 간단하다. 수닝에서 운영하는 수닝스마트진열장의 경우, 처음 이용할 때는 수닝이거우(苏宁易购)앱을 이용하여 진열대에 부착된 QR코드를 스캔하고, 또한 얼굴을 등록하는 과정을 거쳐야 한다. 하지만 두 번째부터는 스마트진열장 앞에 서면 얼굴이 자동으로 식별이 되면서 문이 열리고, 구매할 물건을 꺼낸 후 문을 닫으면 중력감응장치가 구매한 물건을 파악하면서 결제가 자동으로 진행된다. 벤리펑(便利蜂)에서 운영하는 펑샤오궤이(蜂小柜)의 경우에는 웨이신앱으로 QR코드를 스캔하면 문이 열리고, 물건을 고른 후 문을 닫으면 웨이신 내의 응용프로그램이 작동하면서 자동으로 결제가 이루어진다. 양쪽 스마트진열장 모두 물건을 구입하는 데 걸리는 시간은 10초 정도에 불과하다.

4. 무인점포

무인점포는 앞에서 기술한 바와 같이 무인편의점, 무인마트, 신소매 신선식품마트 등의 세 가지 유형으로 나누어질 수 있다. 세 가지 유형 가운데 무인편의점과 신소매 신선식품마트는 이미 상당히 많은 업체들이 참여하면서 경쟁이 격화되어 가는 양상을 보이고 있다. 반면에 무인마트는 아마존, 알리바바 등의 소수 업체가 많은 온라인기술들이 장착된 시험적인 점포를 소개한 후에는 점포의 수를 증가시키거나 혹은 여타 업체들이 추가적으로 참여하는 등의 움직임은 본격적으로 가시화되고 있지는 않다. 여기에서는 무인마트 및 무인편의점에 대해 기술하고 신소매 신선식품마트는 제8장에서 별도로 기술한다.

4.1 무인편의점

4.1.1 개요

중국의 무인편의점사업은 신소매 열풍을 타고 가장 빠르게 성장하고 있는 분야 중의 하나이다. 2017년을 기준으로 중국에는 50여 개의 무인편의점업체가 사업을 전개하고 있다. 약 260개의 편의점이 치열한 경쟁을 벌이고 있는 중국 편의점시장에서 무인편의점은 상당한 가격경쟁력을 확보하고 있는 것으로 평가되고 있다. 즉, 무인편의점은 일반편의점에 비해 개점비용이 약 20% 정도 덜 소요되고, 인건비 등도 절감할 수 있기 때문에 일반편의점에 비해 약 5% 저렴한 가격으로 상품을 판매할 수 있다. 또한 일반편의점에 비해 후발 주자인 무인편의점은 일반편의점이 1~2선 도시를 중심으로 사업을 전개하는 것과는 달리 지역적 편중 없이 전국 각지에 점포를 개설하는 경향을 보이고 있다.

4.1.2 사례

■ 빙고박스

빙고박스(Bingo Box ; 宾果盒子)는 중국의 모든 무인판매 브랜드 중에서 상업적으로 가장 성공한 사례로 손꼽히고 있으며, 또한 무인편의점 중에서 가장 높은 수준의 브랜드가치를 보유하고 있는 업체로 평가되고 있다. 빙고박스를 설립한 빙고과일(缤果水果)은 2013년에 설립된 O2O 온라인 과일몰로 고객이 위챗을 이용하여 신선식품을 주문하면 2시간 이내에 문 앞까지 배달해주는 서비스를 제공한다. 빙고과일은 배달 밀집지역에 냉장고를 설치한 뒤, 상품을 냉장고까지만 무료로 배송하고 여기에서 고객이 직접 주문한 제품을 찾아가도록 하고 있다. 이러한 방식의 사업이 큰 성공을 거두자 빙고과일은 무인편의점의 구축에 나서게 되었다. 이렇게 설립된 빙고박스는 중국 최초의 무인편의점으로 2016년 8월에 광동 중산지역에 1호점을 개설하였다. 2018년 2월 기준으로 약 200개의 점포를 가지고 있으며, 2018년 말까지 5,000개의 점포를 설립한다는 계획을 가지고 있다.

빙고박스 매장의 크기는 일반편의점보다 훨씬 작으며, 컨테이너 박스처럼 이동도 가능하다. 큰 점포와 작은 점포의 두 가지가 있는데 큰 점포는 6m×2.5m, 작은 점포는 4.8m×2.6m이며 각각 800SKU, 500SKU의 상품이 진열되어 있다. 빙고박스는 길거리와 같은 개방된 공간이 아닌 셔취(社区)(아파트단지나 지역사회를 의미)라고 불리는 폐쇄적인 공간에 위치하고 있다. 그래서 절도나 파손 등과 같은 보안문제에 있어서 훨씬 유리하다. 빙고박스는 셔취 중에서도 특히 고급주거단지를 중심으로 매장을 확장하면서 프리미엄 신선식품을 취급하는 전략을 구사하고 있다. 이러한 전략은 상당히 성공적이어서 빙고박스 측에 따르면 고객의 재구매율은 80% 수준에 이르고 있으며, 면적당 매출액은 무인편의점 중 가장 높은 수준을 보이고 있다.

빙고박스 매장에 들어가려는 고객은 '빙고박스앱'을 통해 스마트폰에 온라인 키를 다운로드받은 다음, 이 온라인 키를 누른 후 빙고박스 입구에 부착된 QR코드를 스캔하면 문이 자동으로 열린다. 혹시 등록되어 있지 않은 사람이 들어오면 얼굴인식시스템을 통해 이를 감지하여 직원에게 통지된다. 점포에는 가공식품, 신선식품, 생활용품 위주의 상품이 진열되어 있으며, 모든 제품에는 RFID(무선식별) 태그가 붙어있다. 고객이 고른 제품을 계산대에 올려 놓으면 판독기가 RFID 태그를 자동으로 인식하여 결제가 진행된다. 물건의 명칭, 수량, 단가, 구입총액 등과 함께 총액을 나타내는 QR코드가 판독기 옆에 위치한 컴퓨터 화면에 나타나고, 고객이 스마트폰을 이용해 이 QR 코드를 스캔하면 결제가 완료된다. 결제는 위챗페이, 알리페이 등을 이용하여 할 수 있다. 고객이 나가기 위해 출입문에 접근하면 감식 카메라와 인공지능을 활용하여 고객이 들고 있는 모든 물건의 계산이 완료되었는지가 확인된다. 혹시 결제하지 않은 상품을 가지고 나가면 자동으로 경보가 울리고 직원에게 통지된다. 이 회사는 일반편의점에 비해 투자비용은 4분의 1, 운영비용은 15%에 불과하며, 개점 이래 단 한 건의 절도나 물건 파손 등이 발생하지 않았다는 점을 홍보하고 있다.

■ 벤리펑

벤리펑(便利蜂)은 중국의 대표적인 무인편의점으로 신소매를 언급할 때 항상 언급되는 브랜드 중 하나이다. 2017년 1월 스타트업기업으로 출발한 벤리펑은 오프라인 매장에 빅데이터 등 각종 인터넷기술을 접목시킴으로써 고객에게 최상의 쇼핑체험을 제공하는 것을 회사의 비전으로 삼고 있다. 이 회사는 그해 2월에 3억 위안(약 510억 원) 규모의 투자를 유치했으며, 2017년 말을 기준으로 약 100개의 점포를 가지고 있다. 이 회사의 가장 큰 특징은 온라인서비스와 오프라인서비스를 통합한 자체 개발앱을 가지고 있다는 점이다. 이 앱은 온라인 결제, 온라인 쇼핑, 오프라인 쇼핑, 배송서비스 등의 네 가지 기능을 가지고 있다. 즉, 매장에서 앱을 이용하여 바코드를 스캔한 후 온라인 결제를 할 수 있음은 물론, 매장 밖에서도 온라인 주문을 한 후 주문한 물건을 집까지 배송해주는 서비스를 받을 수 있다.

■ 징동×무인마트

징동은 2017년 쐉스이(双十一) 행사를 위한 준비 회의에서 징동×무인마트(京东×无人超市)를 처음 공개하였다. 징동×무인마트는 주로 가공식품과 신선식품을 취급하고 있으며 면적은 60m² 정도로 무인편의점보다는 2~3배 크지만 160~200m² 크기의 무인마트보다는 훨씬 작은 크기이다. 따라서 '마트(超市)'라는 이름을 붙였지만 업태로 보면 오히려 편의점에 가깝다고 할 수 있다.

이 상점을 처음 방문하는 고객은 '징동앱'을 이용하여 등록을 하고, 스마트폰에 계좌정보를 나타내는 QR코드를 띄워서 입구에 부착된 인식장치에 갖다 대면 자동문이 열린다. 매장으로 들어가는 길 쪽의 정면에 정면에 걸려 있는 모니터에는 방금 들어온 고객의 얼굴이 뜬다. 안면인식장치가 작동되고 있는 것인데 고객의 얼굴정보는 즉시 그 고객의 계좌정보와 연계된다. 그래서 나갈 때에는 스마트폰을 꺼내지 않아도 얼굴인식만으로도 결제가 가능해진다. 또한 두 번째 방문할 때부터는 스마트폰을 꺼내지 않아도 되고 심지어 가지고 오지 않아도 상관없다. 왜냐하면 두 번째부터는 안면인식장치를 통해 고객의 신분과 결제정보를 연계시킬 수 있기 때문이다. 매장에 들어서서는 여느 상점에서와 같이 물건을 고르면 된다. 입구에 비치된 바구니를 이용할 수도 있다. 쇼핑을 마치고 계산을 하려면 출구로 가면 된다. 출구 초입에 비치된 조그마한 화면을 응시하면 얼굴이 잠깐 떴다가 바로 어떠한 상품을 구입하였는지가 화면에 나타난다. 그리고는 사람의 출입을 감지할 수 있는 센서가 있는 통로를 지나면 자동으로 결제가 이루어진다. 통로 끝에 걸려 있는 모니터에는 고객의 얼굴이 떠 있고 "잘 가시라"는 인사말이 나온다. 고객은 그냥 걸어 나오면 된다. 고객이 어떤 물건을 골랐는지는 어떻게 알아낼까? 이는 지능가판대(智能货架)가 있어서 가능하다. 즉, 가판대 안에 설치되어 있는 센서는 상품의 움직임을 감지하고, 가판대 상부에 설치되어 있는 웹캠은 조그만 구멍을 통하여 누가 어떤 물건을 몇 개 가지고 갔는지를 알아낸다.

4.2 무인마트

4.2.1 개요

무인마트는 직원이 근무하지 않는 점포의 형태로 운영되고, 주로 신선식품, 가공식품, 생활용품 등을 취급한다는 점에서는 무인편의점과 동일하지만 점포의 크기에서는 상당한 차이가 있다. 즉, 무인편의점의 면적은 대체로 10~30m^{2}이고 아무리 커도 100m^{2}를 초과하는 경우는 드물지만 무인마트는 그보다 훨씬 면적이 크다. 현재 무인마트로 불릴 수 있는 점포는 아마존의 '아마존 고(Amazon Go)'와 알리바바의 '타오카페(淘咖啡)' 둘 뿐인데 그 면적은 각각 167m^{2}와 200m^{2}에 이른다. '아마존 고'와 '타오카페'는 공개와 동시에 언론과 대중의 집중적인 관심의 대상이 되었지만 아마존과 알리바바 모두 점포수를 늘리는 데는 큰 관심을 보이지 않고 있다. 아마존 고는 여전히 1개에 머무르고 있고, 타오카페는 3개 정도에 불과하다. 이러한 이유에 대해서 아마존의 경우에는 점포수 확대를 통해 직접 오프라인 유통업에 진출하기보다는 자사가 개발한 무인점포기술을 오프라인 유통업체에게 판매하는 방법을 선택할 것이라는 의견이 지배적이다. 이는 매장 계산원이 347만 명이나 있는 미국에서 많은 유통업체들이 인건비 절감을 위해 아마존의 무인점포 특허기술을 이용할 것으로 예상되기 때문이다. 또한 알라바바의 경우에는 상업적인 측면에서 불확실성을 가지고 있는 타오카페보다는 성업 중인 신선식품 신소매 매장인 허마시엔셩(盒马鲜生)이나 신소매의 신속한 확산에 효과적인 티엔마오샤오디엔(天猫小店) 등에 집중하는 것이 더 바람직하다고 판단하였기 때문인 것으로 판단된다.

4.2.2 사례

■ 아마존 고

미국에서 가장 규모가 큰 전자상거래회사이자 세계 제일의 클라우드 컴퓨팅회사인 아마존(Amazon)은 2016년 말 본사 건물에 세계 최초의 무인상점인 '아마존 고(Amazon Go)'를 직원 전용의 형태로 개점하였으며, 기술적인 보완을 거쳐 2018년 1월 22일 이를 일반인들에게 공개했다. 면적은 167m²(약 51평)로 일반편의점의 5~10배의 크기이다. 진열대에 식료품과 생활용품이 가지런히 놓여 있다는 점에서는 평범한 중형 슈퍼의 모습을 띠고 있지만 이 상점에서의 고객체험은 일반슈퍼와는 판이하게 다르다. 이 점포 입구 쪽의 유리창에는 "줄을 서지 않고, 계산원이 없으며, 그냥 들고 나가면 된다(No Lines, No Checkout, Just Walk Out Shopping)"는 문구의 포스터가 붙어 있다. 입장을 할 때는 스마트폰에 저장된 개인식별용 QR코드를 출입문 입구의 식별기에 갖다 대면 문이 열린다. 개인식별용 QR코드는 스마트폰에 '아마존 고 앱'을 설치한 후 결제할 때 사용할 신용카드정보를 입력하면 자동으로 생성된다. 구매할 물건을 다 고른 후에는 물건을 손에 들거나 장바구니에 넣은 뒤 그냥 출구를 나가면 된다. 고객이 출구를 빠져나가면 미리 확보한 신용카드정보를 이용하여 자동으로 고객에게 비용이 청구된다. 이러한 방식으로 고객들은 '끊김 없는 쇼핑'을 체험할 수 있게 된다.

아마존이 고객들에게 '끊김 없는 쇼핑체험(Seamless Shopping Experience)'을 제공할 수 있는 것은 인공지능기술과 센서기술을 이용하고 있기 때문이다. 인공지능의 '눈'의 역할을 하는 천장에 부착된 수백 대의 카메라는 입장한 고객이 누구인지, 무엇을 구매하는지 등을 식별하고, 선반에 장착된 무게를 감지하는 센서는 고객이 무엇을 구매하는지를 보다 정확하게 식별할 수 있도록 하는 역할을 한다. 아마존은 카메라와 센서를 통해 확보한 데이터를 분석하여 시간대별로 잘 팔리는 상품은 무엇인지, 어떤 유형의 소비자가 어떤 상품의 진열대 앞에서 시간을 많이 보내는지, 특정 상품의 진열대 앞에서 보낸 시간과 실제 구매와의 상관관계는 얼마나 되는지, 골랐다가 다시 갔다 놓은 상품들의 특성은 무엇인지, 많은 비교가 이루어지는 상품들은 어떤 상품들인지 등에 대한 풍부한 정보를 알아낼 수 있고, 이를 통해 상품구색, 상품진열, 재고, 고객동선 등과 관련한 효율적인 전략을 만들어 갈 수 있다.

■ 타오카페

알리바바는 2017년 7월 항저우(杭州)에서 열린 제1회 '타오바오 메이커 페스티벌(淘宝造物节)'에서 무인편의점 타오카페(淘咖啡)를 선보였다. 200m^2 크기의 타오카페는 무인편의점과 마찬가지로 줄을 설 필요가 없고, 계산원이 없으며, 고른 물건을 가지고 그냥 나가면 된다. 다른 점이 있다면 식음료판매를 판매하는 공간을 별도로 운영하고 있다는 정도이다.

타오카페에 들어가기 위해서는 사전에 타오바오앱과 알리페이앱을 설치하고 회원가입을 하여야 한다. 타오바오앱을 켜서 타오카페 입구에 부착되어 있는 QR코드를 스캔한 후, 약관(고객정보이용, 개인정보보호, 알리페이 자동이체 등)에 동의하고, 알리페이결제 비밀번호를 입력하면 입장용 QR코드가 생성된다. 출입구에는 허리 높이의 자동문이 있는데 여기에 입장용 QR코드를 대면 문이 열린다. 자동문 상단에는 동그란 모양의 물체가 부착되어 있는데 그 안에는 카메라가 설치되어 있다. 이 카메라는 입장하는 고객의 안면을 인식하는 데 사용되는데, 이렇게 인식된 고객의 얼굴은 해당 고객의 타오바오앱과 바로 연동된다. 이제 입장한 고객은 물건을 사서 나올 때까지 다시 스마트폰을 꺼낼 필요가 없다. 또한 두 번째 방문부터는 스마트폰을 꺼낼 필요가 전혀 없다. 왜냐하면 출입구에 있는 카메라가 얼굴을 인식하여 타오바오앱과 연동시킨 후 자동문을 열어 주기 때문이다.

물건을 고른 뒤 매장을 나가기 위해서는 '계산문'을 통과하여야 한다. 이 문은 두 개로 구성되어 있는데 첫째 문은 고객이 나가려는 것을 감지하면 바로 열린다. 첫째 문과 둘째 문 사이에 있는 계산대에 들어서면 첫째 문이 닫힌다. 고객은 계산대에 약 5초 정도 서있기만 하면 되는데 이 몇 초 사이에 결제가 이루어진다. 결제가 끝나면 앞쪽 문이 열리면서 스피커에서 "지푸바오가 00위안을 공제하였습니다"라는 멘트가 흘러나온다. 고객의 결제정보는 핸드폰으로 전송된다. 고객이 어떤 상품을 골랐는지는 매장에 설치되어 있는 카메라와 센서를 이용해 확보한 고객의 동선 및 동작정보의 분석을 통해 이루어진다.

글 9-4 한국의 무인편의점

한국에서도 2016년 5월 세븐일레븐 무인편의점을 시작으로 이마트24의 무인편의점 등 다양한 형태의 무인점포가 등장하기 시작했다. 세븐일레븐 무인편의점 '세븐일레븐 시그니처'는 정맥인증을 통한 '핸드페이'시스템을 도입했다. 이뿐 아니라 바이오인식 스피드게이트, 전자동 냉장설비와 360도 자동 스캔기능을 탑재한 무인계산대도 설치되어 있다. 세븐일레븐 시그니처에서는 정맥인증의 '핸드페이'나 롯데 결제시스템 '엘페이'를 통해 신분확인 및 결제가 모두 가능하다. 세븐일레븐 시그니처는 국내 무인편의점 모델 중 기술적으로 가장 선진화된 모델이다. 그러나 1) 개점과 운영비용이 비싸고 2) 핸드페이와 엘페이 모두 아직까지 충성결제고객이 부족하다는 한계 때문에 상용화까지는 상당한 시간이 필요하다. 반면, 이마트24 무인편의점은 기술적으로 단순하다. 본인 소유 신용카드를 통해 간편하게 입장 가능하고 셀프 바코드 스캔을 통해 결제도 손쉽게 할 수 있다. 그러나 제품 절도와 신용카드 남용 가능성이 있기 때문에 추가적인 개선이 필요하다.

자료 : 김명주(2018), "신유통시대 승자기업 찾기," 미래에셋대우, Initiation Report, 2018년 1월 17일.

그래서 물건을 가방에 넣거나 주머니에 넣고 나와도 정상적으로 결제가 이루어진다. 그렇지만 고객이 색안경, 모자, 마스크 등으로 얼굴을 너무 가리면 첫째 문이 열리지 않아 매장을 나설 수 없다. 카메라와 센서기를 통해 확보된 다양한 정보, 예를 들어 고객 유형별 선호 진열대, 시간대별 인기상품, 골랐다가 다시 갖다 놓는 비율이 높은 상품 등에 대한 정보는 분석을 통해 상품구색, 고객동선, 상품진열 등을 개선시켜 나가는 데 유용하게 사용된다.

참고문헌

김명주(2018), "신유통시대 승자기업 찾기," 미래에셋대우, Initiation Report, 2018년 1월 17일.

뉴스핌, "알바 사라진 동네 편의점 손님은 두 배로…," 2017년 12월 15일.

뉴스핌, "2018년 중국 소매시장 바꿀 '무인편의점' 5대 톱브랜드," 2017년 11월 14일.

뉴스핌, "[신유통 트렌드] 사무실 내자리 옆에 들어온 무인가판대," 2017년 8월 31일.

뉴스핌, "고른 물건 들고 나오기만 하면 끝~, 자동계산 무인편의점 중국 유통업계 강타," 2017년 8월 28일.

뉴스핌, "만족도 짱 색다른 체험, 화장품도 이제 자판기에서 산다," 2017년 7월 29일.

리얼푸드, "중국 무인편의점 이용자, 2022년 '2억명'," 2018년 1월 18일.

물류매거진, "포커스/신유통시대 주목해야 할 3無 기술," 2017년 12월.

봉황망코리아, "한계를 뛰어 넘다… 중국 알리바바-포드자동차 "자판기로 자동차 뽑는 세상 왔다"," 2018년 3월 27일.

IT동아, "계산대 없는 AI상점 '아마존 고' 오픈… 무인슈퍼 시대 열리나," 2018년 1월 24일.

아주경제, "600만 구멍가게 대박 불붙인 알리바바, 아마존이 떤다," 2017년 9월 20일.

인민화보, "'신소매', 인공지능으로 실체를 갖다," 2018년 1월 15일, http://www.chinacorea.com/krsdbd/201801/t20180115_800114310.html.

조선비즈, "'무인편의점 대국'으로 떠오른 중국… 마윈發 '신소매 유통 혁명'," 2017년 11월 17일.

차이나랩, "알리바바 차세대 무인편의점 타오카페, 뭐가 다를까?," https://

blog.naver.com/china_lab/221047727049.

차이나스타트업, "사무실에서 만난 '猩便利' 무인진열대," 2018년 1월 27일, https://blog.naver.com/stv_han/221193869278.

플래텀, "무인편의점의 핵심, '리테일'이 아니라 '데이터'다," 2017년 10월 31일.

TMTPost, "Uncovering The Business Model Of New Chinese "Luxury" Convenience Store Brand Bianlifeng," March 15, 2017.

艾瑞咨询(iResearch)(2017), 2017年中国无人零售行业研究报告, 2017年 12月 8日。

红商网, "2017年度, 搅局新零售十大"当红炸子鸡"," 2017年 12月 21日。

王长胜, "成立半年便已融资5个亿, 果小美是如何做到的?," 搜狐, 2017年 12月 14日。

野草新消费, "从卖房创业到融资5亿, 缤果盒子：我们是被逼着走到今天的," 2018年 2月 24日。

亿邦动力网, "探营京东X无人超市 多图揭秘暗藏的最新黑科技," 2017年 10月 18日。

中国经营报, "无人货架：风口过后一地鸡毛 众多企业纷纷离场," 2018年 4月 8日。

CHAPTER 10

신소매와 유인편의점

CHAPTER 10

신소매와 유인편의점

1. 신소매 유인편의점의 개념

중국에서 신소매와 관련한 편의점사업은 무인편의점사업과 유인편의점사업으로 구분된다. 무인편의점사업은 말 그대로 사람이 근무하지 않는 새로운 형태의 편의점을 만드는 사업을 의미하고, 유인편의점사업은 새로운 점포의 설립이 아니라 동네 골목상권에 위치한 영세슈퍼를 신소매 매장으로 전환시키는 사업을 의미한다. 이 두 가지 사업에 모두 참여하고 있는 중국업체는 알리바바와 징동 등 두 업체뿐이다. 따라서 편의점 부문에서의 알리바바와 징동 간의 경쟁은 무인편의점(타오카페 vs 징동무인마트) 및 유인편의점(티엔마오샤오디엔 vs 징동편의점) 두 부문에서 전개되고 있다.

무인편의점에는 인공지능기술, 센서기술 등과 같은 신소매와 관련한 첨단기술이 많이 도입되기 때문에 시장에 등장할 때마다 언론과 대중들의 많은 주목을 받았다. 그러나 정작 무인편의점을 둘러싼 실질적인 경쟁은 거의 이루어지지 않고 있다. 왜냐하면 고가의 점포개설비용, 기술의 안정성에 대한 우려, 도난 등에 대한 대비책 부족, 무인점포의 등장에 따른 고용위축과 이에 대한 사회적 비판여론 등으로 인해 추가적인 점포개설이 거의 이루어지지 않고 있기 때문이다. 이에 반해 유인편의점 부문은 상징성을 지닌 신소매 부문은 아니지만 시장에서의 경쟁은 매우 치열하게 전개되고 있다. 알라바바와 징동에 의해 전환된 신소매 매장의 이름은 각각 티엔마오샤오디엔(天猫小店)과 징동편의점(京东便利店)이다.

이 사업은 프랜차이즈(가맹사업거래)의 형태로 이루어지고 있다. 즉, 알리바바나 징동이 가맹본부가 되고 티엔마오샤오디엔과 징동편의점이 가맹점이 된다. 다만 가맹점의 설립이 상권 · 입지 분석을 통해 새롭게 점포를 개설하는 형태로 이루어지는 것이 아니라 기존의 영세슈퍼를 전환시키는 방향으로 이루어지고 있다는 점이 일반적인 편의점 프랜차이즈사업과 다르다. 우리나라에서도 GS25, C&U, 세븐일레븐 등의 편의점 가맹본부가 영세슈퍼를 편의점으로 전환시키는 방법으로 점포를 늘리기도 하는데 이것과 비슷한 형태라고 할 수 있다.

2. 신소매 유인편의점의 활성화 요인

알리바바와 징동이 이러한 사업을 활발하게 추진하는 이유로는 '영세슈퍼와의 상생기반 조성', '자사 중심의 풀뿌리 신소매 생태계의 구축',

'편의점사업의 긍정적인 수익 전망', '저렴한 설립비용' 등을 들 수 있다.

2.1 영세슈퍼와의 상생기반 조성

양사는 모두 영세슈퍼와의 상생의 일환으로 이 사업을 추진한다는 명분을 내세우고 있다. 중국에는 680만여 개의 영세슈퍼가 있다. 그런데 중국 영세슈퍼의 수는 2014~2016년 기간 동안에 연평균 약 −2%의 성장률을 보였다. 이는 연간 약 13~14만 개의 영세슈퍼가 사라지고 있다는 것을 의미하는데, 우리나라의 영세슈퍼의 수가 2017년에 약 7만 개 정도인 것을 감안하면 엄청난 숫자라고 할 수 있다. 그 원인은 우리나라에서와 마찬가지로 1990년대 중반 이후 대형마트, 기업형 슈퍼마켓, 편의점, 전자상거래 등의 새로운 소매업태들이 성장하면서 영세슈퍼를 찾는 소비자의 수가 크게 줄었기 때문이다. 이러한 상황에서 중국 1, 2위의 거대 전자상거래업체가 큰 어려움에 처해 있는 영세슈퍼를 살리는 데 적극 나서고 있는 형국이라고 할 수 있다. 일반기업이 영세슈퍼 살리기 운동을 대규모로 펼치고 있는 국가는 아마도 중국이 유일할 것으로 판단된다. 우리나라의 경우에는 중소기업청과 지방자치단체가 영세슈퍼의 지원을 주도하고 있다.

2.2 자사 중심의 풀뿌리 신소매 생태계의 구축

알리바바와 징동이 영세슈퍼와의 상생을 내세우고 있지만 진정한 의도는 각기 자사를 중심으로 하는 풀뿌리 신소매 생태계를 구축하려는 것이라고 할 수 있다. 즉, 영세슈퍼 680만 점포 가운데 상당수를 우군으로 만들 수 있다면 중국사회에 자사 중심의 신소매를 주도적으로 구축할 수 있는 좋은 분위기를 조성할 수 있기 때문이다. 이러한 이유로 이 사업은 현재 '신소매 신선식품마트'와 함께 양사 간의 신소매 부문에서의 경쟁이 가장 치열하게 전개되는 분야가 되고 있다. 더욱이 영세슈퍼 가운데 규모나 매출 면에서 좋은 조건을 가지고 있는 점포를 먼저 선점하는 것이 사업 전개에 유리하고, 영세슈퍼가 일단 선정이 되어 매장을 개조하면 파트너를 다시 바꾸는 것은 거의 불가능하다는 점도 양사 간의 경쟁을 과열시키는 요인이 되고 있다.

2.3 편의점사업의 긍정적인 수익 전망

편의점사업이 단기적인 수익의 관점에서도 전망이 매우 좋다는 점도 양사가 편의점사업을 적극적으로 전개하는 매우 중요한 이유이다. 우리나라에서와 마찬가지로 중국에서도 오프라인 소매업태 가운데 백화점이나 대형마트 등의 성장률은 거의 정체되는 추세를 보이는 반면, 편의점은 지속적으로 높은 성장률을 보이고 있다. '중국 체인화기업 경영협회(中国连锁经营协会)'에서 발표한 자료에 따르면 2017년에 '체인화 100강 기업'의 매출액(2.2조 위안, 약 374조 원)은 전기 대비 8.0% 성장했고, 매장의 수(약 11만 개)는 전기 대비 9.1% 성장하였는데 이에 비해 '편의점 100강 기업'의 매출액은 전기 대비 16.9%, 매장수는 전기 대비 18.1%가 성장하면서 모든 오프라인 소매업태 중 가장 많은 성장을 이룬 것으로 나타났다.

2.4 저렴한 설립비용

다른 사업에 비해 투자비용이 적다는 점도 알리바바와 징동이 이 사업을 적극적으로 전개하는 중요한 이유 중의 하나라고 할 수 있다. 이 사업에서는 영세슈퍼 점주가 인테리어비용은 물론, 임대료, 물품 구입비, 전기수도세 등을 모두 부담하기 때문에 회사는 기술지도, 점포설립 등 이 사업을 관리하는 데 필요한 비용만 부담하면 된다. 이 사업과 관련한 가장 중요한 업무는 물류관련 업무인데, 이 업무를 위해 별도의 조직이 구성되는 것이 아니라 알리바바의 '링쇼통(零售通)'이나 징동의 '징동물류'와 같은 이미 존재하고 있는 그룹 내의 조직을 이용하기 때문에 이 사업에서의 물류를 위한 별도의 투자가 이루어지는 것은 아니다.

3. 알리바바의 티엔마오샤오디엔

알리바바는 영세슈퍼 가운데 월 판매액이 1만 위안(약 170만 원)이 넘는 곳을 대상으로 신소매 유인편의점인 티엔마오샤오디엔(天猫小店)으로 전환시키는 사업을 전개하고 있다. 알리바바는 2017년 8월 항저우(杭州)에 1호점을 개점한 것을 시작으로, 2017년 11월에는 그 수가 4천여 개에 달하였으며, 2018년 중반에는 1만 개가 넘을 것으로 예상되고 있다. 티엔마오샤오디엔은 B2C 온라인 쇼핑몰인 티엔마오를 오프라인에 옮겨 놓은 모습을 하고 있다. 입구에 비치된 티몰 전용

가판대에는 티몰에서 인기를 끌고 있는 상품들이 진열되어 있으며, 가격도 티몰에서의 가격과 동일하다. 더불어 여느 편의점과 마찬가지로 만두, 소시지, 어묵 등의 즉석식품을 판매하는 코너도 있다. 또한 스마트 매장관리시스템의 도입으로 편의점에 진열된 모든 상품이 수치화되어 있기 때문에 점주가 판매량, 재고량 등의 변화를 실시간으로 파악할 수 있다.

이 사업의 추진에 있어서 핵심적인 역할을 하는 회사는 알리바바의 자회사인 알리링쇼통(阿里零售通)이다. 즉, 링쇼통이 편의점 프랜차이즈사업의 가맹본부 역할을 하고 있다. 링쇼통은 알리바바와 거래하는 모든 브랜드를 공급할 수 있기 때문에 편의점은 중간상을 거치지 않고 저렴한 가격에 다양한 상품을 공급받을 수 있다. 링쇼통은 상품공급서비스 이외에도 빅데이터에 대한 분석을 바탕으로 매장의 상품구성을 추천하는 서비스도 제공하고 있다. 링쇼통은 편의점 주변지역에 거주하는 소비자들에 대한 빅데이터 분석을 통해 판매가 잘 이루어질 수 있는 상품을 추천해준다. 예를 들어 아기를 키우는 젊은 부부가 많이 거주하면 분유, 이유식, 기저귀 등과 같은 영유아 제품을 추천해주고, 중고등 학생이 많은 지역이면 문구류, 간편식 등을 추천해준다.

그런데 링쇼통이 신소매 매장인 티엔마오샤오디엔에만 이러한 서비스를 제공하는 것은 아니다. 어떤 영세슈퍼이든 링쇼통서비스에 가입만 하면 티엔마오샤오디엔으로 전환되기 이전에도 상품공급서비스나 상품추천서비스를 받을 수 있다. 링쇼통은 자사의 서비스를 받고 있는 영세슈퍼 가운데 일부를 선정하여 티에마오샤오디엔으로 전환시키고 있다. 영세슈퍼를 티엔마오샤오디엔으로 개조하는 데는 약 1주일의 시간이 소요된다. 2018년 초 현재 이 서비스에 가입한 영세슈퍼의 수는 60여만 개에 이르고 있고 연말까지는 100만 개를 넘어설 것으로 예상되고 있다.

[표 10-1]은 티엔마오샤오디엔 가맹사업의 특징을 보여주고 있다. 가장 큰 특징은 여느 편의점과는 달리 로열티(가맹수수료)가 없다는 점이다. 우리나라의 기업형 편의점(GS25, 씨유, 세븐일레븐 등)의 경우에 가맹점은 매출액에서 매입원가를 차감한 매출총이익의 30~35%를 가맹본부에게 로열티로 지급하여야 한다. 링쇼통은 우리나라의 독립형 편의점(한국IGA, 포시즌마트, 굿마트 등)과 같이 로열티가 아닌 가맹점을 대상으로 판매하는 상품의 마진에 의존하여 수입을 올린다. 그래서 링쇼통은 가맹점의 자사로부터의 상품 구매에 대해 비교적 까다로운 조건을 제시하고 있다. 즉, 티엔마오샤오디엔이 되기 위해서

| 표 10-1 | 티엔마오샤오디엔(天猫小店) 가맹사업의 특징

항목	내용
가맹지역	2~6선 도시
가맹조건	• 링쇼통으로부터의 구입액 월 1만 위안 이상 • 매장 면적 50m² 이상 • 보증금 1만 위안 • 심사등급, 서비스 수준, 평판 등의 지표 • 인테리어비용 부담
소요비용	보증금(1만 위안) + 인테리어비용(약 6만 위안) + 기술서비스비용(연 3,999위안)
상품구매	최소 30% 이상 링쇼통(零售通)으로부터 구입
개조내용	LED 간판, 즉석식품 코너, 티엔마오 가판대, POS시스템

자료 : 砍柴网, “天猫小店or京东便利店？我“卧底”后算了这样一笔账,” 2017年 9月 19日。

는 링쇼통으로부터 월 1만 위안(약 170만 원) 이상의 상품을 구입하여야 하고, 그 구입액이 전체 월 구입액의 30%를 넘어야 한다. 예를 들어 가맹점의 월 구입비용이 2만 위안이라고 하면 그 중에서 적어도 1만 위안을 링쇼통으로부터 구입하여야 하기 때문에 링쇼통 구입 비율은 50% 이상이 되고, 월 구입비용이 4만 위안이라고 하면 최소 30%를 링쇼통으로부터 구입하여야 하기 때문에 링쇼통으로부터의 구입비용은 1만2,000 위안 이상이 된다. 가맹점은 이 외에도 보증금 1만 위안을 내야 하고 연 3,999위안의 기술서비스비용도 지불하여야 하며, 인테리어비용도 물론 부담하여야 한다.

4. 징동의 징동편의점

영세슈퍼의 징동편의점(京东便利店) 가맹 절차는 다음과 같은 단계를 거쳐 이루어진다. 첫째, 영세슈퍼 점주의 가맹점 신청, 둘째 영세슈퍼에 대한 자격심사, 셋째 자격심사 통과 시 계약체결, 넷째 점주에 대한 교육훈련, 다섯째 인테리어 공사 및 영업 개시이다. 징동은 가맹 절차를 최대한 간결하게 함으로써 빠른 속도로 징동편의점을 확산시키기 위해 노력하고 있다. [표 10-2]는 징동편의점 가맹사업의 특징을 보여주고 있다. 이를 살펴보면 징동은 '신속한 편의점수의 확대'를 위해 '농촌과 중소도시 중심의 점포개설'과 '개설비용 및 가맹조건의 최소화'라는 두 가지의 전략을 구사하고 있음을 알 수 있다.

| 표 10-2 | 징동편의점(京东便利店) 가맹사업의 특징

항목	내용
가맹지역	• 전국 • 50%를 농촌지역에 할당
가맹조건	• 보증금 1만 위안 • 인테리어비용 부담
소요비용	보증금(1만 위안) + 인테리어비용(약 4만 위안)
상품구매	전부를 징동으로 구입할 수도 있고, 일부만 구입할 수도 있음.
개조내용	간판, POS시스템, 징동 가판대

자료 : 砍柴网, "天猫小店or京东便利店？我"卧底"后算了这样一笔账," 2017年 9月 19日。

4.1 농촌 및 중소도시 중심의 점포개설

도시에 중점을 두고 있는 알리바바와는 달리 징동은 중국 전역을 대상으로 유인편의점을 개설하고 있으며, 더욱이 전체 편의점의 50%를 농촌지역에 안배하고 있다. 따라서 특히 농촌지역에 위치한 영세 슈퍼의 입장에서는 징동편의점이 편의점으로 전환할 수 있는 유일한 대안이다.

4.2 개설비용 및 가맹조건의 최소화

징동편의점은 티엔마오샤오디엔에 비해 개설비용도 적게 들고, 가맹조건도 훨씬 덜 까다롭다. 먼저 개설비용을 보면 보증금 액수(1만 위안)는 티엔마오샤오디엔과 같지만 인테리어비용은 약 4만 위안으로 티엔마오샤오디엔의 약 6만 위안에 비해 저렴하고, 기술지원에 대한 수수료도 없다. 가맹조건으로는 보증금 1만 위안을 부담하고, 인테리어비용을 부담하겠다는 의사만 밝히면 된다. 매장 면적이나 월 매출액에 대한 제한조건도 없다. 또한 징동으로부터의 상품구매에 대한 의무조항도 없다. 즉, 모든 제품을 징동으로부터 공급받아도 되고, 일부만 공급을 받아도 된다.

알리바바와 징동 두 회사의 편의점 가맹사업의 특성을 비교해보면 징동이 알리바바보다 훨씬 빠르게 유인편의점수를 늘려갈 가능성이 크다. 징동의 대표인 류창동(刘昌东)은 2017년 4월에 2017~2022년의 5년 동안 중국에 100만 개의 징동편의점을 세우겠다는 계획을 발표하였고, 이에 대한 실천의 일환으로 2017년 쐉스이(双十一 ; 광군제의 새로운 이름)에 맞춰 11월 2일 하루에만 1,111개 징동편의점을 개점하기도 했다. 그렇지만 징동편의점은 티엔마오샤오디엔에 비해 부족한 부분도 많이 있다. 우선 매장 외관이 티엔마오샤오디엔에 비해 세련되지 못하고, 티엔마오샤오디엔의 티몰 전용가판대와 같은 특색이 있는 가판대도 없으며, 즉석식품 판매 코너도 없다. 또한 기술지원의 수준도 티엔마오샤오디엔에 미치지 못한다. 물량으로 밀어붙이는 징동과 상대적으로 꼼꼼하게 두드려보며 사업을 추진하는 알리바바, 어느 쪽이 더 많은 성공을 거둘 수 있을지는 앞으로 지켜볼 일이다.

참고문헌

한승희, "알리바바와 징동 사례로 살펴보는 '2017 중국 전자상거래'," 2018년 1월 2일, 플래툼, http://platum.kr/archives/93608.

뉴스핌, "포스트 전자상거래 '신소매', 중국 유통질서 재편 가속," 2017년 9월 1일.

물류매거진, "포커스/신유통시대 주목해야 할 3無 기술," 2017년 12월.

아주경제, "600만 구멍가게 대박 불붙인 알리바바, 아마존이 떤다," 2017년 9월 20일.

중국경제, "중국 온라인 업체, 오프라인시장 본격 진출," 2017년 12월 17일.

红商网, "2017年度, 搅局新零售十大"当红炸子鸡"," 2017年 12月 21日。

砍柴网, "天猫小店or京东便利店？我"卧底"后算了这样一笔账," 2017年 9月 19日。

中国连锁经营协会, "2017年中国连锁百强发布," 2018年 5月 10日。

CHAPTER 11

신소매와 대형 오프라인 유통업체

CHAPTER 11 신소매와 대형 오프라인 유통업체

1. 개요

백화점, 마트, 대형마트, 쇼핑몰, 전문점, 편의점 등을 체인점의 형태로 운영하는 대형 오프라인 유통기업들이 신소매를 피할 수 없는 대세로 인식하더라도 이를 독자적으로 추진해 나가기는 매우 어렵다. 즉, 자사의 매장을 자체적인 역량을 바탕으로 신소매 매장으로 전환시키기는 매우 힘들다. 그 이유는 두 가지 측면에서 살펴볼 수 있다. 첫째, 매장의 첨단화를 위한 각종 기술(빅데이터, 인공지능, 핀테크, 사물인터넷, 클라우드 컴퓨팅, 공급망관리, 물류자동화 등)이 부족하다. 둘째, 각종 기술을 확보한다고 하더라도 확보한 기술을 자사에서만 제한적으로 사용하여야 하기 때문에 투자비용이나 운용비용 등을 감당할 수 있는 '규모의 경제'를 실현할 수 없다. 따라서 대형 오프라인 유통기업들이 신소매 실현을 위해 선택할 수 있는 유일한 옵션은 신소매 구현을 위한 시스템의 구축과 운용을 지속적으로 지원해줄 수 있는 기업과 제휴를 맺는 것뿐이다.

현재 중국의 신소매는 알리바바, 텐센트, 징동 등과 같은 거대 온라인기업에 의해 주도되고 있다. 또한 이들 세 기업 간의 관계를 보면 알리바바가 신소매를 선도하며 앞서 가는 한편, 텐센트와 징동이 연합전선을 구축하여 알리바바에 맞서고 있는 형국이다. 이들 거대 온라인기업들은 신소매 실현을 위한 기술과 인프라를 이미 대부분 갖추고 있고, 또한 엄청난 자본력도 가지고 있다. 이러한 풍부한 자원을 바탕으로 대형 유통기업들과 협력관계를 구축하면서 이들 기업들의 오프라인 매장을 '신소매 매장'으로 전환시키려는 노력을 기울이고 있다. 2018년 2월 현재 중국 10대 체인화마트 기업 중 7개가 양 진영 중

| 표 11 -1 | 중국의 10대 체인화마트 기업의 소속 진영

점유율 순위	기업명	점유율 (2016.9~2017.9)	진영
1	가오신소매(高鑫零售)	8.3%	알리바바
2	화룬완자(华润万家)	6.4%	중립
3	월마트(沃尔玛)	5.1%	텐센트 & 징동
4	까르푸(家乐福)	3.3%	텐센트 & 징동
5	용회이마트(永辉超市)	3.1%	텐센트 & 징동
6	리엔화마트(联华超市)	2.8%	알리바바
7	우메이(物美)	1.9%	중립
8	중바이마트(中百超市)	1.8%	텐센트 & 징동
9	자자유에(家家悦)	1.4%	중립
10	부부가오(步步高)	1.1%	텐센트 & 징동

자료 : 新浪科技, "新零售元年阿里腾讯主宰两极, 2018年会走向何方？," 2018年 2月 18日。

한쪽에 참여하고 있을 정도로 이미 상당수의 대형 오프라인 유통기업들이 신소매사업에 참여하고 있다([표 11-1] 참조) .

2. 알리바바 진영 vs 텐센트 & 징동 진영

중국에서 신소매사업을 주도하고 있는 기업은 알리바바, 텐센트, 징동 등의 3대 거대 온라인기업들이다. 현재 알리바바가 2016년 신소매를 주창하면서 놀라운 속도로 신소매사업을 전개해 나가자 텐센트와 징동이 연합하여 역시 빠른 속도로 신소매사업을 전개하면서 알리바바에 대항하고 있는 형국이다.

2.1 신소매에서의 알리바바, 텐센트, 징동의 관계

텐센트(Tencent ; 중국명 텅쉰(腾讯))는 메신저서비스(위챗, QQ), 결제서비스(위챗페이, 웨이신페이), 모바일게임 등 다양한 형태의 인터넷서비스를 제공하고 있는 중국 최대 규모의 IT기업이다. 징동은 전자상거래 분야에서 중국에서는 알리바바에 이은 2위, 세계에서는 알리바바, 아마존, 이베이에 이은 4위를 기록하고 있는 기업이다. 텐센트는 전자상거래 분야에 대해 지속적인 관심을 가지고는 있었으나 직접 이 분야에 뛰어들지는 않고 알라바바의 최대 경쟁사인 징동에 대한 지분을 단계적으로 늘리면서 협업을 강화해 왔다. 그 결과 텐센트는 2016년 8월에 징동의 최대 주주로 부상하였으며, 2018년 현재 21.25%의 지분을 보유하고 있다. 이러한 지분 확보를 계기로 '국민 메신저'로 불리는 위챗을 통해 축적된 소셜미디어 데이터와 징동닷컴의 구매 데이터가 결합되면서 징동닷컴의 전자상거래사업에도 상당한 시너지효과가 나타나고 있다.

텐센트는 메신저서비스나 모바일게임 등의 분야에서는 전자상거래 기업인 알리바바와 사업 영역이 겹치지 않는다. 하지만 결제서비스와 관련하여서는 문제가 다르다. 텐센트의 위챗페이와 알리바바의 알리페이는 중국의 가장 대표적인 모바일결제 수단이다. 모바일결제서비스 시장에서의 두 기업의 점유율 합계가 95%에 달할 정도로 양사가 시장을 양분하고 있다. 또한 모바일결제는 중국에서 가장 보편적인 결제 수단이다. 예를 들어 2017년의 쐉스이(双十一 ; 광군제(光棍节))라고도 불리며, 미국의 블랙프라이데이와 같은 중국의 대할인행사) 당일 모바일 거래 비중은 무려 90%에 달했다.

알리바바와 텐세트 양사는 자사의 결제 수단 확산을 위해 자사의 영역에서 타사의 결제 수단을 배척하는 정책을 펴고 있다. 예를 들어 텐센트가 운영하고 있는 게임사이트에서는 알리바바의 알리페이를 사용할 수 없으며, 반대로 알리바바가 운영하고 있는 타오바오나 티몰에서는 텐센트의 위챗페이를 사용할 수 없다. 신소매가 등장하기 이전에는 대부분의 오프라인 유통기업들이 위챗페이와 알리페이에 대해 중립적인 자세를 가지고 있었기 때문에 양사 간의 갈등은 제한적이었다고 할 수 있다. 하지만 만일 신소매의 성공적인 확산으로 많은 유통업체들이 알리바바 진영으로 가세하여 알리페이의 위세가 강화되면 당장 텐센트의 결제서비스 수입이 줄어드는 것은 물론, 고객데이터의 확보가 어려워져 사업이 크게 위축될 수 있다. 텐센트는 바로 이러한 점을 크게 우려하기 때문에 신소매사업에 적극 나섰다고 할 수 있다. 징동 또한 신소매사업의 후발주자로서 오프라인으로의 확장을 발빠르게 전개할 필요가 있었고, 이를 위해 기술력, 자금력 등을 갖추고 있음은 물론 징동의 최대 주주로서의 위상도 가지고 있는 텐센트와 연합하게 되었다고 할 수 있다.

2.2 진영 간의 신소매 전개방식의 차이

신소매의 개념을 쉽게 풀이하면 “각종 온라인기술과 선진적인 공급망시스템을 바탕으로 온라인에서 누릴 수 있는 편리성, 높은 가성비, 맞춤서비스 등을 오프라인에 최대한 이식함으로써 고객들이 오프라인 상에서도 최상의 고객체험을 누릴 수 있도록 하는 것”이다. 알리바바나 텐센트 & 징동 연합군이 이를 최대한 빨리 실현할 수 있는 방법 중의 하나는 매장을 많이 가지고 있는 대형 오프라인 유통기업과 협력관계를 형성하는 것이다. 또한 협력관계를 형성하는 가장 확실한 방법은 해당 유통기업의 지분을 확보하는 것이다. 그래서 양측은 막강한 자본력을 바탕으로 빠른 속도로 대형 유통업체의 지분을 확보하면서 자기 진영에 끌어들이고 있다. 가능한 신속하게 대형 유통업체들을 끌어들여야 하는 또 다른 이유는 사업의 성격상 매장의 온라인화 등 상당한 투자가 조기에 이루어지기 때문에 일단 특정 진영에 참여하면 이를 번복하는 것은 매우 어렵기 때문이다. 결론적으로 중국에서의 신소매사업은 양 진영으로 나누어져 진행되고 있다. 알리바바 진영에는 가오신소매, 인타이상업, 리엔화마트, 신화두, 산장쇼핑, 수닝윈상 등이 참여하고 있고, 텐센트 & 징동 진영에는 영휘마트, 완다상업, 까르푸, 월마트, 부부가오 등이 참여하고 있다.

그런데 신소매의 주도권을 놓고 치열하게 경쟁하고 있는 알리바바와 텐센트는 오프라인 대형 유통업체의 지분을 확보하는 방식에서 상당한 차이를 보이고 있다. 먼저 알리바바는 상당한 규모의 지분을 확보하여 투자기업의 신소매 구현에 직접 참여하는 방법을 선택하고 있다. 예를 들어 인타이상업(银泰商业)의 경우는 지분의 74%를 확보하여 자회사로 만들었고, 산장쇼핑(三江购物) 지분의 32%, 가오신소매(高鑫零售) 지분의 36.16%, 리엔화마트(联华超市) 지분의 18%, 수닝윈상(苏宁云商) 지분의 19.99%, 신화두(新华都) 지분의 10%를 확보했다. 즉, 알리바바는 오프라인 소매기업들과의 강한 연계를 바탕으로 알리바바의 기술과 플랫폼을 활용하여 오프라인 소매기업들의 신소매 구현과 관련된 모든 업무들을 개선하는 데 초점을 두고 있다. 이러한 측면에서 알리바바는 오프라인 소매상들을 '신소매 시험장'으로 적극 활용하고 있다고 할 수 있다.

알리바바의 전략을 잘 보여주는 예로 알리바바의 쥐란즈자(居然之家)에 대한 투자를 들 수 있다. 알리바바는 2018년 2월 11일 중국의 대형 가구상인 쥐란즈자에 54억5,300만 위안(약 9,360억 원)을 투자하여 15%의 지분을 확보했다. 쥐란즈자는 2017년 말을 기준으로 전국에 223개 매장을 보유하고 있으며, 매출이 600억 위안(약 10조 2,000억 원)에 이르는 중국에서 두 번째로 큰 가구 유통업체이다. 알리바바는 자사가 보유하고 있는 클라우드 플랫폼 및 물류 플랫폼기술을 바탕으로 쥐란즈자 매장의 디지털화를 시도하고 있다. 또 양사 회원시스템의 상호연동과 상품의 수치화를 기반으로 건축자재의 선택이나 가구 구매에 있어서의 기존업체들과는 전혀 다른 고객체험을 제공하려는 계획을 가지고 있으며, 더 나아가 클라우드 플랫폼에 기반해 인테리어의 설계에서 자재 구매, 시공에 이르기까지 모든 공급망과정을 관리하려는 시도를 하고 있다.

이에 반해 텐센트는 오프라인기업들과 상대적으로 느슨한 연계를 맺고 이들 기업들에게 신소매와 관련된 업무를 추진하는 데 필요한 기술적 자원을 제공하는 데 초점을 두고 있다. 즉, 텐센트는 제휴사의 시스템을 개조하려고 시도하기보다는 제휴사가 신소매를 구현하는 데 필요한 기술적 자원을 제공하는 '조연'의 역할을 수행하는 데 초점을 맞추고 있다. 그래서 텐센트는 제휴사의 지분을 많이 확보하지 않고 알리바바에 비해 훨씬 적은 5~10%의 지분을 확보하는 데 그치고 있다. 예를 들어 텐센트의 가장 규모가 큰 오프라인 제휴사라고 할 수 있는 용회이마트(永辉超市)의 경우 고작 5%의 지분을 확보했을 뿐이다. 텐센트의 의류 분야의 제휴사인 하이란즈자(海澜之家)는 알리바바와 텐센트의 신소매 추진전략의 차이를 간파하고 자사의 경영방침에 더욱 부합하는 텐센트를 선택한 예라고 할 수 있다.

텐센트는 2018년 2월에 '중국판 유니클로'로 불리는 하이란즈자(海澜之家)에 25억 위안을 투자해 지분 5.31%를 확보했다. 이 회사는 남성복 SPA 브랜드로 전국에 약 5천 개의 매장을 가지고 있다. 그런데 이 회사는 2017년 8월 알리바바와 신소매 부문에서 협력하기로 협약을 맺었었고, 또한 알리바바그룹의 회장인 마윈(马云)이 직접 방문할 정도로 이 회사에 대한 알리바바의 관심은 지대했다. 그럼에도 불구하고 이 회사가 결국 알리바바가 아닌 텐센트와 손을 잡은 주된 이유는 알리바바의 적극적이고 직접적인 참여전략보다는 자사의 신소매 추진을 조용하면서도 믿음직스럽게 지원해주는 텐센트의 전략이 하이란즈자 경영진의 생각에 더 부합하였기 때문인 것으로 판단된다. 텐센트의 5.31%라는 비교적 작은 지분율이 이러한 판단을 뒷받침하고 있다.

3. 알리바바의 대형 유통업체 대상 투자활동

투자 대상 유통기업	투자 대상 유통기업의 위상	지분율
인타이상업(银泰商业)	• '중국 체인화기업 100강' 25위 • 백화점 29개, 쇼핑센터 17개, 아웃렛 1개	74%
리엔화마트(联华超市)	• '중국 체인화기업 100강' 8위 • 슈퍼마켓 3,451개	18%
가오신소매(高鑫零售)	• 중국 최대의 오프라인 유통업체 • 대형마트 체인화기업 다룬파(大润发) 및 오샹(欧尚) 보유 • 다룬파 : '중국 체인화기업 100강' 4위 대형마트 383개 • 오샹 : '중국 체인화기업 100강' 42위 대형마트 77개	36.16%
산장쇼핑(三江购物)	• '중국 체인화기업 100강' 89위 • 슈퍼마켓 240개	32%
신화두(新华都)	• '중국 체인화기업 100강' 43위 • 마트, 백화점, 쇼핑센터 등의 분야에서 145개 매장	10%
수닝윈상(苏宁云商)	• '중국 체인화기업 100강' 1위 • 가전제품 전문점 약 1,500 개	19.99%

3.1 인타이상업

인타이상업(银泰商业)은 '중국 체인화기업 경영협회(中国连锁经营协会)'에서 매년 발표하는 '중국 체인화기업 100강'에서 2017년에 25위를 차지한 대형 유통업체이다. 이 회사는 2016년 말을 기준으로 29개의 백화점, 17개의 쇼핑센터, 1개의 아웃렛을 보유하고 있으며, 총 건축면적이 300만m²에 이르고 있다. 특히 인타이백화점은 세계적인 명품 브랜드들이 경쟁적으로 입점하는 중국의 최고급백화점이다. 알리바바는 2014년 4월 인타이상업에 53.7억 홍콩달러(약 7,400억 원)를 투자하여 약 16%의 지분을 확보하였다. 알리바바는 여기에 그치지 않고 2017년 1월에는 198억 홍콩달러(약 2조7,300억 원)을 투자하여 74%의 지분을 확보하면서 인타이상업을 자회사로 편입시켰다.

이를 계기로 인타이상업은 알리바바의 빅데이터와 인터넷기술을 적용하여 상품, 물류, 회원관리, 판매 등 모든 업무 체계를 개선하였으며, 또한 매장을 스마트화함으로써 고객에게 새로운 소비체험의 기회를 제공하고 있다. 이러한 작업을 통해 인타이상업은 전통적인 백화점에서 신소매 매장으로 변신하였다. 그 결과 매출 분야에서 큰 변화가 나타나고 있다. 예를 들어 2017년 쐉스이(双十一 ; 광군제) 기간 동안 고객의 수는 전기 대비 59%가 증가하였고, 이에 따라 판매 또한 전기 대비 54%가 증가하였다. 알리바바는 향후 이 기업을 신소매 추진의 대표적인 사례로 키워가려는 계획을 가지고 있다([글 11-1] 참조).

글 11-1 알리바바의 신소매 가구점과 인타이백화점

알리바바는 신소매의 영역을 가구 분야로 확대하기 위해 두 가지 사업을 전개하고 있다. 하나는 중국 가구업계 2위 업체인 쥐란즈자(居然之家)에 대한 투자이고, 또 하나는 자회사인 인타이상업(银泰商业) 소속의 인타이백화점에 '홈타임즈(HomeTimes ; 家时代)' 라는 이름의 가구 매장을 개점하는 것이다. 홈타임즈는 알리바바의 윈링쇼우(云零售) 사업부에서 담당을 하고 있다. 인타이백화점은 고급백화점으로 매우 유명하고, 따라서 인타이백화점은 고급가구를 판매할 수 있는 좋은 무대가 될 수 있다. 이러한 결정에 따라 알리바바는 2017년 9월에 인타이백화점 항조우시후(杭州西湖)점에 500m^2 규모로 홈타임즈 1호점을 개설하였고, 그 해 12월에는 800m^2 규모로 항조우후빈(杭州湖滨)점에 홈타임즈 2호점을 개설하였다. 알리바바는 2018년에는 1,000m^2 규모의 매장을 15개 오픈할 계획이다. 알리바바는 홈타임즈 매장에서 고객들에게 VR(가상현실) 기술을 이용하여 가상공간에서 가구가 배치되었을 때의 장면을 생생하게 체험할 수 있도록 하고 있으며, 지점 반경 5km에 거주하는 티몰 고객들에 대한 빅데이터 분석을 통해 해당 지점에 적합한 상품을 고객의 유형에 맞게 진열하고 있다.

자료 : ONEASIA, "알리바바, '가구 · 인테리어' 신유통 생태계 만든다," 2017년 9월 22일.
蔡妍妍, "阿里的"新零售"进军家居领域 HOMETIMES家时代新玩法," 嬴商网, 2018年 3月 12日。

3.2 바이리엔그룹의 리엔화마트

바이리엔그룹(百联集团)은 중국 상해시(上海市) 소속의 국유기업으로 2003년 상하이제일백화점그룹(上海第一百货集团), 화리엔그룹(华联集团), 요이그룹(友谊集团), 우츠그룹(物资集团) 등 4개 그룹이 합병되면서 성립되었다. 이 그룹은 백화점, 쇼핑센터, 마트, 대형마트, 아웃렛, 편의점, 전문점, 전자상거래 등 다양한 소매업태를 운영하고 있다. 알리바바는 2017년 2월 바이리엔그룹과 전략적 협력관계를 맺고 소매업태 융합, 신소매기술 개발, 고효율 공급망 구축, 회원시스템 통합, 결제시스템 통합, 물류시스템 상호협조 등 6개 부문에 걸친 협약을 체결하였다.

알리바바그룹의 마윈 회장은 바이리엔그룹과의 협력관계에 대해 "알리바바그룹 신소매 추진의 시발지는 상하이가 될 것이며, 첫 전략적 동반자로 바이리엔그룹을 선택했다"고 선언했다. 이렇게 마윈이 바이리엔그룹을 중시하는 이유는 바이리엔그룹이 다양한 오프라인 소매업태를 운용하고 있고, 매출액 등의 측면에서도 그 위상이 매우 높기 때문이다. 향후 바이리엔그룹과의 협력관계는 알리바바의 자회사인 지푸바오(支付宝)의 전자결제시스템인 알리페이(Alipay)를 바이리엔그룹과 공유하고, 지푸바오가 보유하고 있는 빅데이터, 인공지능, 클라우드 컴퓨팅 등의 기술을 바이리엔그룹 소속의 매장에 적용시키는 방향으로 전개될 것으로 예상되고 있다.

또한 티엔마오(天猫) 등에서 온라인으로 주문한 제품을 바이리엔그룹 산하의 오프라인 매장에서 수령하거나, 교환반품 등을 위해 바이리엔 오프라인 매장을 이용하는 것도 가능해진다. 알리바바는 바이리엔그룹과의 제휴를 구체화하기 위해 2017년 5월에 바이리엔그룹의 자회사인 리엔화마트(联华超市) 지분의 18%를 확보하면서 제2대 주주가 되었다. 이를 기반으로 매장, 상품, 결제, 물류, 회원 등 각 방면에서 신소매 생태계 구축을 위한 작업을 진행하고 있다. 리엔화마트는 2017년 말을 기준으로 전국에 3,451개의 슈퍼마켓을 보유하고 있으며, 2017년에 약 565억 위안(약 9.6조 원)의 매출을 기록하면서 '중국 체인화기업 100강'에서 8위를 차지하였다.

3.3 가오신소매

가오신소매(高鑫零售)는 중국 최대의 오프라인 유통기업으로 대만계의 룬타이그룹(润泰集团)과 프랑스계의 오샹그룹(欧尚集团)의 합작으로 이루어졌다. 룬타이그룹과 오샹그룹은 각각 다룬파(大润发)와 오샹(欧尚)이라는 명칭의 대형마트를 운영하고 있다. 다룬파는 2017년을 기준으로 383개의 대형마트를 보유하고 있으며, 약 954억 위안(약 16조2,200억 원)의 매출액을 올리면서 '중국 체인화기업 100강'에서 4위를 기록했다. 또한 다룬파는 2017년 '외자(外资) 체인화기업 경영 상황' 순위에서 1위에 올라 있다. 오샹은 2017년을 기준으로 77개의 대형마트를 보유하고 있으며, 약 157억 위안(약 2조6,700억 원)의 매출액을 올리면서 '중국 체인화기업 100강'에서 42위를 기록했다.

알리바바는 2017년 11월에 224억 홍콩달러(약 3조1,500억 원)를 투자해 가오신소매 지분의 36.16%를 확보했다. 이러한 알리바바의 투자는 중국의 소매 역사상 가장 규모가 크고, 가장 넓은 면적을 포괄하고 있으며, 관련인들이 가장 많은 투자로 기록되고 있다. 또한 최고의 전자상거래기업과 최고의 오프라인 유통업체의 제휴는 "온라인과 오프라인의 융합이 본격적인 추진 단계에 진입했다"라고 평가되고 있다.

알리바바가 가오신소매 지분의 36.16%를 2017년 11월에 확보한 이후 얼마 지나지 않아 가오신소매 소속의 대형마트인 다룬파에는 큰 변화가 나타나고 있다. 2018년 1월에는 화동(华东)지역의 20개 도시에 있는 167개의 다룬파 매장에서 티엔마오마트(天猫超市)의 베스트셀러가 판매되기 시작하였으며, 2월에는 다룬파의 100여 개 매장에 티엔마오에서 잘 팔리는 메이크업상품 전용 판매구역을 설치하여 로레알(L'Oreal), 올레이(Olay), 멘소라툼(Mentholatum) 등 고급 메이크업 화장품 판매를 시작하였다. 또한 3월에는 상해에 있는 다룬파 매장의 영유아용품 섹터에 클라우드 가판대, 스마트 착의 거울 등의 신기술을 도입하여 고객들에게 새로운 소비체험을 제공하고 있다.

3.4 산장쇼핑

산장쇼핑(三江购物)은 2017년에 '중국 체인화기업 100강'에서 89위를 차지한 유통업체이다. 이 회사는 2017년에 약 41억 위안(약 7,000억 원)의 매출액을 기록하였으며, 2018년 초를 기준으로 저장성(浙江省)에 약 240개의 슈퍼마켓 매장을 보유하고 있다. 알리바바는 오프라인에서의 구매 및 물류 부문 강화를 위해 2016년 11월 20억 위안(약 3,400억 원)을 투자하여 산장쇼핑 주식의 32%를 확보하였다. 이를 계기로 알리바바는 '타오바오편의점(淘咖啡)'을 항저우, 상하이, 닝보 등 저장성지역에 진출시켰으며, 산장쇼핑의 물류망을 활용해 스마트폰 주문 후 '1시간 내 배송'이라는 획기적인 콘셉트로 일용 소비재, 신선식품 등을 고객에게 배송하고 있다.

3.5 신화두

신화두(新华都)는 2017년 기준 '중국 체인화기업 100강'에서 43위에 올라 있는 유통기업으로 마트, 백화점, 쇼핑센터 등을 운영하고 있으며, 복건성(福建省)을 중심으로 중국 동남부에 145개의 매장을 가지고 있다. 알리바바는 2017년 9월 신화두의 지분 10%를 확보했다.

3.6 수닝윈상

알리바바는 물류, O2O 등의 부문에서의 선점을 위해 중국 최대의 가전유통업체인 수닝윈상(苏宁云商)과도 전략적 파트너십을 구축하였다. 수닝은 오프라인과 온라인에서 주로 가전제품을 판매하고 있는 기업이다. 이 기업은 중국을 대표하는 기업 중의 하나로 오프라인 부문에서는 2018년 초를 기준으로 전국에 약 1,500개의 매장을 보유하고 있는 중국 부동의 1위 체인화기업이며, 전자상거래기업 중에서는 3위를 차지하고 있다. 2017년의 매출액은 2,433억 위안(약 41조 3,600억 원)에 달했다. 알리바바는 2015년 8월에 283억 위안(약 4조 8,000억 원)을 투자하여 19.99%의 지분을 보유하면서 제2대 주주가 되었으며, 수닝도 140억 위안(2조3,800억 원)을 알리바바에 투자하여 1.1%의 지분을 확보하였다. 두 기업은 전자상거래, 물류, 애프터서비스, 마케팅, 금융, 빅데이터 등의 분야에서 협력관계를 맺고 있다. 그런데 수닝윈상은 2018년 1월 알리바바의 경쟁사인 텐센트 및 징동과 공동으로 완다상업(万达商业)의 지분 확보에 참여하기도 하였다. 이처럼 수닝윈상은 알리바바 진영에 포함되어 있지만 한편으로는 텐센트 & 징동 진영과도 일정한 관계를 유지하는 모습도 보이고 있다.

4. 텐센트 & 징동의 대형 유통업체 대상 투자활동

투자 대상 유통기업	투자 대상 유통기업의 위상	지분율
용회이마트(永辉超市)	• '중국 체인화기업 100강' 6위 • 대형마트 806개	• 텐센트 5% • 징동 10%
완다상업(万达商业)	• 중국 최대의 부동산 개발회사 • 쇼핑몰 234개	• 텐센트 14% • 징동 2%
부부가오(步步高)	• '중국 체인화기업 100강' 14위 • 백화점, 마트 등 645개 매장	• 텐센트 6% • 징동 5%
월마트(沃尔玛)*	• '중국 체인화기업 100강' 5위 • 대형마트 441개	• 징동 지분의 10.8% 보유
까르푸(家乐福)	• '중국 체인화기업 100강' 10위 • 대형마트 321개	• 텐센트 및 용회이마트와 투자의향서 서명

* 월마트는 텐센트 & 징동의 투자 대상기업이 아니라 반대로 징동의 지분을 확보한 경우임.

4.1 용회이마트

용회이마트(永辉超市)는 2017년을 기준으로 '중국 체인화기업 100강'에서 6위를 차지한 대형 유통업체로 전국에 806개의 마트를 운영하고 있다. 징동은 2015년 8월에 43억 위안(약 7,300억 원)을 투자하여 용회이마트 지분의 10%를 확보하였다. 텐센트도 2017년 12월 42.15억 위안(약 7,200억 원)을 투자하면서 용회이마트의 지분 5%를 확보하였다. 텐센트 & 징동 진영의 용회이마트 지분 참여는 알리바바의 신소매사업 전개를 강력히 견제하는 의미를 지닌다. 먼저 대형마트 부문에서 알리바바와 가오신소매(중국 최대의 대형마트 체인점 보유)의 연합에 대항하는 의미가 있다. 또한 텐센트 & 징동 진영은 용회이마트가 운영하고 있는 신선식품마트 겸 식당인 차오지우종(超级物种)을 알리바바의 허마시엔셩(盒马鲜生)를 견제하는 대항마로 삼고 있기도 하다. 이들 삼자는 텐센트-징동-용회이마트 군단으로 불릴 정도로 그 관계가 매우 긴밀하다. 용회이마트는 2018년 1월 텐센트와 함께 프랑스 까르푸의 중국법인에 대한 잠재적 투자자로 참여하기도 하였다.

4.2 완다상업

부동산 재벌이라고 불리는 완다상업(万达商业)은 다리엔완다그룹(大连万达集团)에 속해 있는 부동산 개발회사로 중국 전역에서 234개의 쇼핑몰을 운영하고 있다. 텐센트는 2018년 1월 340억 위안(약 5조 8,000억 원)을 투자하여 완다상업의 지분 14%를 확보하였다. 텐센트의 신소매 우군인 징동도 50억 위안(약 8,500억 원)을 투자하면서 약 2%의 지분을 확보하였으며, 수닝윈상도 95억 위안(약 1조6,000억 원)을 투입해 3.91%의 지분을 확보했다. 완다상업은 텐센트, 징동, 수닝윈상 등이 보유하고 있는 유통망과 온라인기술을 활용하여 자신이 보유하고 있는 거대한 오프라인 매장을 신소매 매장으로 탈바꿈시키기 위한 다양한 합작사업을 시도할 계획이다. 자금과 관련된 문제도 완다상업이 텐센트 진영에 합류한 주된 이유이다. 중국 최대의 부동산 개발회사로 명성이 자자했던 다리엔완다그룹은 2017년 중국 정부의 해외투자 규제와 은행권의 대출 통제로 자금난을 겪으면서 자산매각 등 구조조정을 단행해 왔다. 완다상업은 매장수를 획기적으로 증가시키는 데 있어서 텐센트와 징동의 재무적인 역량이 크게 도움이 될 것으로 기대하고 있다.

4.3 부부가오

부부가오(步步高)는 2016년 '중국 체인화기업 100강'에서 14위에 올라 있는 대형 유통업체이다. 이 기업은 마트, 하이퍼마켓, 백화점, 가전전문매장 등을 운영하고 있으며, 전국에 645개의 매장을 가지고 있다. 2018년 2월 텐센트는 8억 6,690만 위안(약 1,470억 원)을 투자하여 부부가오 지분의 6%를 확보하였으며, 징동도 7억3,910만 위안(약 1,260억 원)을 투자하여 부부가오 지분의 5%를 확보하였다. 부부가오는 텐센트 & 징동 진영 참여를 계기로 징동으로부터는 전자상거래, O2O사업, 물류 및 공급망관리 등의 방면에서의 지원을 받을 수 있게 되었으며, 텐센트로부터는 온라인 플랫폼 구축을 위한 기술적 지원을 받을 수 있게 되었다.

4.4 월마트

세계 최대의 오프라인 유통업체인 미국의 월마트의 중국법인은 2017년 '중국 체인화기업 100강'에서 5위를 차지하였으며, 중국 전역에 441개의 대형마트를 보유하고 있다. 월마트는 2016년 6월 징동과 전략적 제휴를 맺고 전자상거래업체인 이하오디엔(一号店)을 징동에게 넘기면서 그 대가로 징동 지분의 5.9%를 확보하였다. 또한 2016년 말에는 추가적인 투자를 통해 징동의 지분을 10.8%까지 늘렸다. 이로써 징동의 지분은 텐센트(21.25%), 징동의 류창둥(刘强东) 회장(16.2%), 월마트(10.8%)의 순이 되었으며, 이를 기반으로 하는 3개 업체의 협력관계는 신소매 시대가 도래한 현재에도 공고하게 유지되고 있다.

4.5 까르푸

프랑스의 대형 유통업체인 까르푸(家乐福)의 중국법인은 2017년 '중국 체인화기업 100강'에서 11위를 차지하였으며, 중국 전역에 321개의 대형마트를 보유하고 있다. 까르푸는 2018년 1월 텐센트가 용회이마트(永辉超市)와 함께 까르푸 중국법인에 투자한다는 내용의 투자 의향서에 서명하였다. 까르푸는 텐센트의 빅데이터, 클라우드 컴퓨팅, 인공지능 등의 기술을 활용하여 새로운 형태의 소매사업을 전개할 수 있을 것으로 기대하고 있으며, 텐센트도 까르푸의 글로벌 네트워크를 활용하여 웨이신, 웨이신페이, 클라우드 컴퓨팅 등 자사가 보유하고 있는 서비스를 확산시킬 수 있을 것으로 기대하고 있다. 또 한편으로 이러한 까르푸의 결정 이면에는 알리바바가 중국 최대의 오프라인 유통업체로 가장 많은 수의 대형마트를 보유하고 있는 가오신소매(高鑫零售)의 지분 36.16%를 확보한 것에 따른 위기감도 작용했을 것으로 예측되고 있다.

참고문헌

한승희, "알리바바와 징동 사례로 살펴보는 '2017 중국 전자상거래'," 2018년 1월 2일, 플래툼, http://platum.kr/archives/93608.

뉴스1, "中 알리바바, 슈퍼마켓체인 신화두 지분 10% 취득 · 제휴," 2017년 9월 28일.

뉴시스, "중국은 지금 '편의점 혁명' 중… 신소매 열풍," 2017년 6월 18일.

뉴시스, "텐센트, 中 2위 전자상거래사 '징동닷컴' 최대주주 등극… 알리바바 추격 본격화," 2016년 8월 22일.

머니투데이, "거침없는 텐센트, 완다와도 '맞손'… 中 신소매 '빅뱅'," 2018년 1월 30일.

머니투데이, "까르푸, 텐센트 진영 합류… 中 알리바바 vs 텐센트 경쟁 가속화," 2018년 1월 24일.

머니투데이, "월마트, 징동 지분 또 확대… '중국이 세계 소비를 이끈다'," 2016년 10월 9일.

비즈트리뷴, "텐센트 · 징동닷컴, 중국 유통업체 'BBG체인' 지분 인수," 2018년 2월 26일.

아시아경제, "중국의 A · T시대, 마윈의 만찬 불참에는 이유가 있다," 2017년 12월 23일.

아주경제, "'가구, 패션업까지 확장' 알리바바-텐센트 '신소매' 영토 넓히기," 2018년 2월 12일.

아주경제, "알리바바, 중국 최대 마트체인과 손 잡다… 'O2O', '신유통' 본격화," 2017년 11월 20일.

아주경제, "마윈, '신소매' 앞세워 오프라인 유통 정복," 2017년 6월 1일.

이투데이, "알리바바, 中 슈퍼마켓체인에 3,400억 지분 투자… 오프라인 확장, 2016년 11월 21일.

인민망(人民网) 한국어판, "월마트 이어 까르푸도 中 신유통에 SOS… 텐센트×징둥 진영에 가세," 2018년 1월 25일.

조선비즈, "마윈 中 외자계 1위 유통사 대주주로… 中 10대 유통社 절반과 '자본 혼인'," 2017년 11월 20일.

플래텀, ""中 O2O 시장을 잡아라" 알리바바 수닝에 5.3조 규모 투자," 2015년 8월 12일.

ONEASIA, "알리바바, '가구 · 인테리어' 신유통 생태계 만든다," 2017년 9월 22일.

蔡妍妍, "阿里的"新零售"进军家居领域 HOMETIMES家时代新玩法," 赢商网, 2018年 3月 12日。

凤凰科技, "疯狂竞购线下公司, 阿里帝国与腾讯盟军掀起新零售争霸战," 2018年 2月 6日。

上海证券报社, "阿里54亿参股居然之家以新零售驱动"新制造," 2018年 2月 12日。

腾讯科技, "京东股权结构曝光 刘强东成第二大股东," 2017年 5月 3日。

王坤, 相峰. "新零售"的理论架构与研究范式[J]. 中国流通经济, 2018(1) : 3-11。

新浪科技, "新零售元年阿里腾讯主宰两极, 2018年会走向何方?," 2018年 2月 18日。

TechWeb, "联手天猫打造家电3C新零售 苏宁收获八年来最好业绩," 2018年 3月 2日。

CHAPTER 12

신소매와 제조업체

CHAPTER 12

신소매와 제조업체

1. 신소매 전개에 있어서 제조업체의 중요성

신소매의 전개가 대형 전자상거래업체의 주도로 이루어지고 있고, 또한 신소매의 구현이 오프라인 매장의 온라인화를 중심으로 이루어지고 있기 때문에 신소매에 대한 논의는 주로 유통업체를 중심으로 이루어지고 있다. 하지만 유통업체에서 판매되고 있는 제품은 제조업체에 의해 생산되기 때문에 유통업체와 제조업체와의 유대 강화는 효율적인 신소매 전개를 위해서도 필수적인 요소일 수밖에 없다. 더욱이 신소매의 가장 중요한 목적 중의 하나가 오프라인 매장에서 고객이 원하는 제품을 제공함으로써 고객이 최선의 구매체험을 할 수 있도록 하는 데 있기 때문에 이를 실현하기 위해서는 유통업체와 제조업체와의 유기적인 협력관계는 매우 중요하다.

신소매에서 유통업체와 제조업체의 협력은 다양한 형태로 전개되고 있다. 유통업체가 빅데이터 분석을 바탕으로 제조업체의 신제품 개발에 조력하기도 하고, 유통업체가 빅데이터 분석을 활용한 수요예측을 바탕으로 주문을 함으로써 수요와 공급이 일치하는 공급망관리가 이루어질 수 있도록 하기도 하며, 유통업체가 제조업체와 제휴를 맺고 제조업체의 신소매 매장을 구축하기도 한다. 또한 제조업체가 직접 오프라인 매장을 운영하고 있는 경우에는 제조업체 스스로가 다양한 신기술을 도입하여 자사의 오프라인 매장을 신소매 매장으로 탈바꿈시키기도 한다. 여기에서는 각각의 유형에 대해 사례를 중심으로 기술한다.

2. 제조업체의 신소매 참여 유형

2.1 빅데이터 분석기반의 신제품 개발

많은 제조업체들이 유통업체의 빅데이터 분석 자료를 기반으로 소비자의 수요에 부합하는 신제품 개발에 나서고 있다. 이러한 작업을 가장 활발하게 전개하고 있는 사례로 티엔마오의 신제품혁신센터(新品创新中心)를 들 수 있다. 알리바바의 오프라인 유통업체의 인수나 지분확보는 알라바바그룹의 차원에서 이루어지고 있는 반면, 신제품 개발과 관련한 제조업체와의 협력관계는 티엔마오를 중심으로 이루어지고 있다. 2018년 초에 알라바바는 600명이 근무하는 신소매사업부를 티엔마오와 합병시켰는데, 이러한 움직임은 알리바바그룹이 신소매사업을 전개함에 있어서 티엔마오가 주축이 될 것이라는 점과 이

과정에서 유명 브랜드 제조업체를 중시하는 전략을 구사할 것이라는 점을 시사하고 있다. 티엔마오는 B2C 플랫폼인 티몰을 운영하면서 다양한 브랜드와 직접적인 접점을 형성하고 있기 때문에 이러한 결정은 매우 합리적이라고 할 수 있다. 실제로 2017년 전세계 20만 개의 제조업체들이 티몰에서 1,200만 개의 신제품을 출시했다. 이처럼 티몰은 전세계에서 가장 규모가 큰 신제품의 경연장이 되고 있기 때문에 티엔마오는 신제품 개발에 있어서 브랜드를 생산하는 제조업체들과의 협력관계를 강화해 나가는 데 있어 매우 유리한 위치에 있다고 할 수 있다.

이 사업을 구체화하기 위해 티엔마오는 2018년 초에 마스(Mars), 프록터앤갬블(P&G), 마텔(Mattel), 삼성, 에스티로더(Esteelauder), 지방시(Givenchy), 콜게이트(Colgate), 로레알(L'Oreal) 등 37개의 유명 브랜드 제조업체들과 공동으로 신제품혁신센터(新品创新中心)를 설립하였다. 이를 중심으로 쌍방이 서로 인력을 파견하여 공동작업을 수행하면서 상품의 개발에서 마케팅, 판매, 공급망에 이르기까지 모든 과정에서 협력관계를 형성하고 있다. 몇 년 전까지만 해도 티엔마오와 협력관계를 맺는 것을 꺼리던 제조업체들이 티엔마오의 신제품혁신센터와 제휴를 맺으려고 하는 가장 큰 이유는 알리바바그룹이 보유하고 있는 엄청난 크기의 빅데이터 때문이다.

티엔마오 신제품혁신센터는 월평균 5억 명에 달하는 활성 가입자와 일평균 1억 건에 달하는 주문에 대한 데이터를 담고 있는 알리바바의 빅데이터를 활용하여 제조업체를 위해 다양한 서비스를 제공하고 있다. 즉, 빅데이터로 무장한 티엔마오는 제조업체를 위해 신제품 아이디어의 제공, 기존상품의 개선, 목표고객의 수정, 연구개발기간의 단축, 신제품 성공률의 향상, 판매량의 예측, 판촉가격의 설정 등 다양한 서비스를 제공하고 있다. 이러한 서비스 가운데에서도 티엔마오 신제품혁신센터의 가장 중요한 기여는 신제품 개발에 소요되는 시간을 대폭 단축시키고, 또한 신제품의 성공률을 제고시키는 데 있다. 티엔마오는 빅데이터 분석, 표본조사연구 등과 함께 소비자 트렌드 분석모델, 품목별 시장추세 예측모델 등을 활용하여 신제품 개발주기를 18개월에서 9개월로 단축시켰으며 동시에 판매실적도 평균적인 신제품에 비해 몇 배가 되는 실적을 거두고 있다. 티엔마오의 신제품혁신센터는 설립된 지가 오래지 않았음에도 불구하고 신제품 개발과 관련하여 다음과 같은 다양한 사례들을 만들어내고 있다.

- 헤드앤숄더(Head & Shoulder)의 아로마샴푸는 브랜드 개념의 설정에서부터 가격전략에 이르기까지의 모든 것이 알리바바의 빅데이터에 의존하여 이루어졌으며, 콜게이트(Colgate)가 인터넷에서 크게 히트를 친 하트형의 얇은 문양이 박혀 있는 허브향 치약 또한 티엔마오와의 협업을 통해 이루어졌다.
- 마스(Mars)사는 티엔마오 신제품 개발센터와 공동으로 신상품 개발방법론을 개발하였다. 즉, 신제품 아이디어가 만들어지면 이를 실험공장에서 소규모로 생산을 한 후, 신속하게 시장의 반응을 살핀 다음, 그 결과를 다시 생산에 반영하는 방법을 활용하고 있다. 이러한 새로운 방법을 사용하여 마스사는 티몰에 매운맛 초콜릿을 출시하였으며, 마스사의 자회사인 도브(Dove)사는 춘절을 맞아 한정판 새해 선물세트를 출시하기도 하였다.
- 로레알(L'Oreal)의 고가 브랜드인 스킨수티컬즈(SkinCeuticals ; 항산화전문 프리미엄 스킨케어 화장품)는 의약용 화장품으로 소

비성향이 높은 중년여성들을 대상으로 하고 있었다. 이 브랜드는 2016년 9월에 티몰에서 판매를 시작하였는데 티몰에는 젊은 고객들이 대다수를 차지하고 있었기 때문에 제품의 이미지를 변경하여야 하는 문제에 직면하게 되었다. 스킨수티컬즈는 티엔마오 신제품 개발센터의 연구를 바탕으로 젊은층의 여드름과 보습에 주력하는 방향으로 전략을 변경하였으며, 그 결과 ROI(Return on Investment ; 투자자본수익률)가 전기 대비 무려 71%나 증가하는 성과를 거두었다.

• 미국 완구계의 거두로 바비인형으로 유명한 마텔(Mattel)사는 티엔마오의 신제품혁신센터와 공동으로 '엄마연구소'를 건립하였다. 이 연구소는 장기적인 관점에서 밀레니엄세대(1981~1996년생의 22~37세로 현재 가장 왕성한 소비활동을 하는 인구) 엄마들의 니즈 및 불만과 미래 유아산업에서의 발전 추세를 파악하고, 이를 바탕으로 신세대 엄마들의 불만요소를 해소할 수 있는 혁신제품을 개발하는 데 그 목적을 두고 있다. 즉, 합작의 목표를 소비자의 니즈에 대한 통찰력을 바탕으로 완구산업의 새로운 발전 추세를 찾아내고, 티엔마오가 보유하고 있는 소비자 빅데이터에 대한 분석을 통해 소비자와의 가장 바람직한 소통방법을 찾아내는 한편, 소비자들의 충족되지 않은 욕구를 채워줄 수 있는 새로운 상품을 개발하는 데 두고 있다.

• 유니레버(Unilever)사는 2018년 4월에 티엔마오의 신상품혁신연구소와 공동으로 건강연합연구개발센터를 설립했다. 이 센터의 설립 목적은 티엔마오의 소비관련 빅데이터와 유니레버의 연구개발능력을 결합하여 중국의 소비자들을 위해 건강과 환경보호

에 기초한 신제품을 개발해내는 데 있다. 유니레버는 연구개발에서 시장에 출시하기까지 보통 3~6개월이 소요되었기 때문에 계절을 단위로 신제품을 개발하는 것이 관례가 되었지만 티엔마오의 신제품혁신센터와 공동작업을 한 이후로는 신제품 개발 업무가 '일(日)' 단위로도 이루어질 수도 있음을 발견하였다. 티엔마오는 2016년과 2017년의 데이터 비교를 통해 스모그로부터 피부를 보호하는 제품이 새로운 인기상품이 되면서 1~2년 사이에 스모그 클렌징시장 규모가 두 배로 커졌으며 그 중에서도 마사지팩시장은 37배, 토너시장은 71배가 성장하였음을 알게 되었다. 이러한 수치를 기반으로 유니레버는 항스모그 바디클렌저를 개발하여 시장에 진입하게 되었다.

유통업체와 제조업체의 협력을 바탕으로 하는 신제품 개발은 유통업체가 제조업체의 생산라인을 임대하여 활용하는 방식으로 이루어지기도 한다. 티엔마오의 자회사인 티엔마오디엔치청(天猫电器城)은 가전제품을 판매하는 전자상거래업체로 대형가전과 소형가전을 물론, 핸드폰, 카메라, 노트북 등도 판매한다. 이 회사는 2014년에 샤오거우(小狗), 에코벡스(ECOVACS, 科沃斯), 신시어-홈(Sincere-Home, 贝尔莱德), 텐문스(10moons, 天敏), 창디(长帝), 메이디(美的), 아이메이터(艾美特), 티에산지아오(铁三角), 수퍼(Supor ; 苏泊尔), 지오양(九阳) 등 10개 중견 전자제품 제조업체로부터 각각 몇 개씩의 생산라인을 임대하였다. 임대한 생산라인에서는 전기밥솥, 전자레인지, 진공청소기, 다리미, 선풍기 등 가정에서 흔히 사용되는 가전제품이 생산된다. 티엔마오디엔치청은 임대한 생산라인을 기반으로 맞춤상품을 제작하여 판매하는 C2B(Customer to Business) 거래방식을 채택하고 있다. 즉, 제조업체에 판매데이터와 고객평가 등 다양한 데이터를 제공하고 제조업체는 검토과정을 거친 뒤 티엔마오디엔치청의 임대 생산라인을 통해 맞춤형 상품을 제작한다. 예를 들어 지오양의 두유 제조기는 25~35세의 '게으름족'을 타깃으로 따로 여과할 필요 없고 손쉽게 콩을 갈 수 있는 기능을 추가해 제작되었고, 메이디의 전기밥솥은 상품이 쉽게 오염된다는 소비자의 평가를 반영하여 제품 외관을 스테인리스로 전면 교체하였다. 이러한 거래방식은 상당한 성공을 거두고 있다. 예를 들어 에코벡스의 로봇청소기, 샤오거우의 진공청소기, 신시어-홈의 스팀다리미 등 티엔마오디엔치청의 맞춤상품의 판매량은 해당 제조업체 생산량의 20%를 넘어섰다.

2.2 빅데이터 분석기반의 공급망관리

제조업체는 빅데이터를 보유하고 있는 유통업체와 협력관계를 형성하고 이를 바탕으로 효율적인 공급망관리를 추진해 나갈 수 있다. 공급망관리의 궁극적 목적은 소비자의 수요와 제조업체의 생산을 일치시키는 것이라고 할 수 있는데, 이를 위해 제조업체는 유통업체의 빅데이터 분석을 통한 수요예측을 근간으로 공급량을 조절함으로써 악성재고나 재고부족이 발생하지 않는 이상적인 공급망관리를 실현해 나갈 수 있다(이 부분에 대한 논의는 그 중요성을 감안하여 '제7장'에서 상세히 기술하였음.).

2.3 유통업체와의 제휴를 통한 신소매 매장 구축

몇몇 제조업체들은 유통업체와의 제휴를 바탕으로 지금까지 존재하지 않았던 형태의 오프라인 매장을 구축하기도 하였다.

- 미국의 포드자동차는 2018년 초에 알리바바와 제휴하여 자동차 무인판매기를 중국 광저우(广州)에 설치하였다. 다양한 모델의 자동차는 외벽이 유리로 되어 있어서 안이 잘 들여다보이는 여러 층으로 되어 있는 공간에 전시되어 있으며, 소비자는 이 무인판매기를 이용하여 시승서비스를 받을 수도 있고 구매도 할 수 있다.
- 유니클로(UniQlo)는 자라(ZARA)와 H&M에 이은 세계 제3위의 의류업체이며, 우리나라에서도 SPA의류 부문에서 부동의 1위를 차지하고 있다. 중국은 유니클로의 가장 큰 해외시장으로 2018년 3월 말을 기준으로 120개 도시에 645개의 매장이 있으며, 향후 2~3년간 매장수를 더욱 빨리 늘려서 2020년까지 약 1,000개의 매장을 보유할 계획을 가지고 있다. 온라인 부문에서도 최근 몇 년간 티엔마오 쐉스이(双十一 ; 광군제) 행사에서 의류 브랜드 가운데 줄곧 1위를 차지할 정도로 좋은 성과를 내고 있다. 유니클로는 알리바바 및 티엔마오와 협약을 맺고 신소매 구현을 위한 노력을 기울이고 있다. 즉, 무현금결제방식 도입, 온오프라인 통합 재고시스템 도입, 맞춤형 주문생산, 고객데이터의 축적, 스마트스크린(智能买手大屏)의 도입 등 여러 분야에서 신소매 구현을 위한 사업을 추진하고 있다.

  유니클로가 가지고 있었던 문제 중의 하나는 쐉스이(双十一) 행사에서와 같이 수요가 급증할 경우 고객상담, 물류, 보관, 재고관리 등에 한계가 노정된다는 점이었다. 특히 온라인에서 재고가 소진되면 고객에게 상품을 배송하는 데 소요되는 시간이 길어지는 문제가 발생하였다. 유니클로는 티엔마오와의 공동 작업을 통해 고객이 직접 유니클로의 오프라인 매장에서 주문한 상품을 수령해가는 방식으로 이 문제를 해결하였다. 즉, 온라인과 오프라인의 경계를 없앰으로써 고객에게 기분 좋은 구매체험을 할 수 있는 체제를 구축하였다.

유니클로 매장에 도입된 대표적인 신소매기술로 '스마트구매스크린(智能买手屏幕)'을 들 수 있다. 이것은 감응장치가 내장된 대형 스크린으로 고객이 5m 이내로 다가오면 자동으로 작동되면서 신제품이나 할인과 관련한 정보를 제공해주고 인기상품을 추천해주는 등의 역할을 수행한다.

유니클로는 2017년 7월 북경, 상해, 광동, 천진 등의 도시에 위치한 100개 점포의 입구 근처에 이 대형 스크린을 설치하였다. 과거에는 상품의 디자인, 색상, 크기, 재고 등에 대한 정보를 점원으로부터 얻을 수밖에 없었지만 이제 이를 이용하면 소비자는 상품에 대한 모든 정보를 일목요연하게 볼 수 있다. 또한 고객은 여기에서 QR코드를 스캔하여 할인권을 다운로드받을 수 있고, 이를 바로 물건을 구매할 때 사용할 수 있다. 유니클로는 이 스마트스크린을 전매장에 설치할 계획을 가지고 있으며, 이것이 성공적으로 고객들의 주의를 끌면 쇼윈도를 대체할 수 있음은 물론, 고객이 자신이 원하는 상품을 주문할 수 있는 수단으로도 사용될 수 있을 것으로 기대하고 있다. 고객들이 매장에서 대형 스크린을 체험하는 비율은 광고물이나 스마트폰을 통해 체험하는 비율의 4~5배에 이르며, 물건을 구매하는 사람들의 비율도 15%나 상승하였다.

2.4 자사 매장의 스마트화

제조업체 가운데 상당수는 오프라인 매장을 동시에 운영하고 있다. 몇몇 제조업체들은 신소매를 선도하고 있는 유통업체와의 제휴를 바탕으로 자사의 매장을 신소매 매장으로 탈바꿈시키는 사업을 진행하고 있다.

- 중국의 남성의류 브랜드 마커화페이(马克华菲 ; Mark Fairwhale)는 창립 15년 만인 2016년에 알리바바와 협력관계를 맺고 신소매활동을 적극 전개하고 있다. 이 회사의 신소매활동은 다각적으로 전개되고 있는데, 가장 대표적인 것은 '매장 스마트화'의 일환으로 가상현실기술을 이용하여 고객이 다양한 제품을 신속하고 편리하게 피팅해볼 수 있도록 한 것이다. 즉, 고객은 매직거울 앞에 서기만 하면, 어떤 색상이나 스타일의 옷이 자신과 잘 어울리는지를 거울을 통해 볼 수 있다.

  매장은 이를 이용하여 고객들에게 편리하고 신선한 체험을 제공함으로써 구매율을 높일 수 있음은 물론, 피팅에 소요되는 시간과 공간을 절약할 수 있다. 매장에 재고가 없을 경우에는 상품의 QR코드를 스캔하면 '티엔마오 플래그십 스토어(天猫旗舰店)'에서 구입할 수 있다. 또한 고객은 티엔마오에서도 오프라인 매장에서와 동일한 제품을 동일한 가격으로 구매할 수 있으며, 가까운 매장에서 배송되기 때문에 5시간 이내에 물건을 받을 수 있다. 매장의 모든 의류에 숫자화를 도입하였기 때문에 200m²의 매장에서 재고를 점검하는 데 30분 정도면 충분하다. 또한 이 매장에서는 알리페이를 이용한 모바일결제도 물론 가능하다.

- 샤오미는 온라인시장에서의 경쟁력 하락이 뚜렷해지자 오프라인 매장을 구축하기 시작하였다. 샤오미는 2015년 9월 베이징에 샤오미즈자(小米之家)를 처음 오픈한 이후 이를 스마트폰, IT제품, 소형가전 등 다양한 제품을 체험할 수 있는 공간으로 활용하고 있다. 즉, 매장을 가장 일상적인 생활공간으로 꾸며서 고객들이 샤오미제품을 최대한 잘 체감할 수 있도록 도모하고 있다. 또한 매장에서의 상품가격을 온라인에서의 가격과 동일하게 유지하고 있으며, 매장에서 전자상거래는 물론 모바일결제도 가능하도록 하고 있다. 샤오미즈자는 단위 면적당 매출액이 전세계에서 애플스토어에 이어 2위를 기록할 정도로 큰 성공을 거두고 있다.

참고문헌

김명신(2014), “중국 온라인 시장, ‘맞춤형 제작’ 신조류 형성,” 중국 상하이 무역관.

이맹맹, “중국 오프라인 매장 ‘신유통’ 열풍,” KOTRA 해외시장뉴스, 2017년 12월 1일.

뉴스핌, “[중국기업] 샤오미 어떻게 살아났나, 삼성 제치고 인도서 1등한 샤오미,” 2018년 2월 1일.

百家号, “优衣库才是真正懂得“新零售”的“门店机会”,” 2018年 3月 24日。

第一财经, “纪梵希､雅诗兰黛和天猫深度合作 竟都因为新零售？,” 2018年 3月 21日。

海商, “优衣库新零售运营模式,优衣库的新零售怎么样,” 2018年 2月 22日。

人人都是产品经理, “2017新零售用户体验观察,” 2018年 2月 16日。

搜狐, “全球37家顶级集团和天猫共建创新中心 用大数据研发全新商品,” 2018年 1月 17日。

搜狐, “马克华菲的5个新零售大招,” 2017年 12月 26日。

亿邦动力网, “新零售中心：消费者体验究竟是什么？,” 2017年 10月 17日。

中国经济网, “提速六倍, 联合利华和天猫创造供应链新极限,” 2018年 4月 10日。

21世纪经济报道, “大数据时代改变玩具业生态圈 美泰联手天猫新品创新中心共建“妈妈研究所”,” 2018年 3月 31日。

Qdaily, “优衣库在100家门店推出了叫“智能买手”的大屏, 你可曾留意过？,” 2017年 7月 15日。

■ 찾아보기 ■

[저자소개]

■ 박찬욱

박찬욱 교수는 서울대학교 경제학부에서 학사 및 석사학위를 취득하고, 미국 인디애나대학교(Indiana University)에서 마케팅 전공으로 경영학 박사학위를 취득하였다. 귀국 후 제일기획 마케팅 연구소에서 3년간 근무하면서 마케팅전략, 광고전략, 다이렉트마케팅전략 등과 관련한 업무를 수행하였으며, 1995년부터 경희대학교 경영대학에서 교수로 재직하고 있다. 주요 관심분야는 고객관계관리, 영업, 유통, 소비자행동 등이다. 저서로는 우리나라 최초의 CRM 서적인 데이터베이스마케팅(1996)을 비롯하여 금융기관의 데이터베이스마케팅(1999), 모바일마케팅(2002), 한국적 CRM 실천방안(2005), 고객관계관리(2014), 한국의 소매업태 및 업종별 유통경로(2014), 고객관계 구축을 위한 영업관리(2017), 실전 유통론(2017) 등이 있으며, 국내외의 유명 학술지에 CRM, 영업, 유통, 광고, 소비자의사결정 등을 주제로 하는 다수의 학술논문을 발표하였다. 1995년 이래 금융, 제조, 유통, 서비스 등 다양한 기업에서 마케팅관련 자문교수 및 사외이사를 역임하였다. 또한 한국CRM협회의 초대회장과 한국CRM학회의 회장을 지냈으며, 현재는 한국영업관리학회의 회장직을 맡고 있다.

중국의 신소매 유통혁명

2018년 8월 10일 1판 1쇄 인쇄
2018년 8월 15일 1판 1쇄 발행

저　　자 | 박찬욱
발 행 인 | 이수영
발 행 처 | 도서출판 청람
서울시 마포구 독막로 288(대흥동, 세양상가 109호)
전　　화 | 02)3272-2601~2
팩　　스 | 02)3272-2603
이 메 일 | crbooks@daum.net
홈페이지 | www.crbooks.co.kr
등　　록 | 2000년 8월 26일 제6-0509호

ISBN 978-89-5972-648-6　93320　[정가 15,000원]

이 책의 무단전재 또는 복제행위에 대해서는 저작권법 제136조에 의거 5년 이하의 징역 또는 5,000만원 이하의 벌금에 처하게 됩니다.